世界名人
·故事繪本·

新雅文化事業有限公司
www.sunya.com.hk

世界名人故事繪本

作　　者：宋詒瑞

繪　　圖：Spacey Ho、李成宇、Kyra、Sheung Wong、
　　　　　Chiki Wong、郝敏棋、李亞娜

責任編輯：潘曉華

美術設計：陳雅琳

出　　版：新雅文化事業有限公司
　　　　　香港英皇道 499 號北角工業大廈 18 樓
　　　　　電話：(852) 2138 7998
　　　　　傳真：(852) 2597 4003
　　　　　網址：http://www.sunya.com.hk
　　　　　電郵：marketing@sunya.com.hk

發　　行：香港聯合書刊物流有限公司
　　　　　香港荃灣德士古道 220-248 號荃灣工業中心 16 樓
　　　　　電話：(852) 2150 2100
　　　　　傳真：(852) 2407 3062
　　　　　電郵：info@suplogistics.com.hk

印　　刷：中華商務彩色印刷有限公司
　　　　　香港新界大埔汀麗路 36 號

版　　次：二〇一八年十一月初版
　　　　　二〇二四年一月第三次印刷

給孩子的話

提起孫中山、居里夫人、愛因斯坦，誰不豎起大拇指讚一聲「好」？他們可都是響噹噹的大人物呢！不過，他們的成功之路並非一帆風順。孩子閱讀名人的成功故事，除了能認識名人對世界的貢獻外，更重要的是學習他們的大智慧和對夢想的堅持！

《世界名人故事繪本》雲集二十位中外名人，涵蓋多個領域，包括政治、醫學、科學、科技、航海、生物、音樂、建築、文學、藝術等，並讓讀者認識每位名人的成功要訣，包括：**傑出的領導才能**、**無私的奉獻精神**、**力求上進的決心**、**改變世界的創意**和**百折不撓的毅力**。

孩子最愛聽故事、看故事，因此我們邀請了香港兒童文學作家宋詒瑞女士為本書作者。宋老師以輕鬆簡潔的文字把名人的故事娓娓道來，適合小學生閱讀。每篇名人故事開始前設有**「人物簡介」**和**「世界大事時間線」**，讓讀者對該位名人和他身處的時代背景有初步認識；而在故事完結後則附有**「名人金句」**和**「思考園地」**，重點點出名人的大智慧，並引導孩子作多角度思考。

願本書中的名人成功要訣能啟發孩子的發展方向，讓每個孩子都有機會成為下一位影響世界的巨人！

目錄

改變世界的創意

百折不撓的毅力

影響世界的巨人……

林肯

結束美國南北戰爭，維護國家統一

亞伯拉罕・林肯（Abraham Lincoln，1809 年－1865 年），美國第十六任總統。出身貧苦農民家庭，接受正規教育不到一年，自學成才。曾做過伐木工人、店員、水手等工作，為人誠實厚道、謙遜好學，很得民眾喜愛。

為了廢除不合理的奴隸制度，林肯決心從政。他刻苦學習法律和演講技巧，成為了一名律師。曾十一次競選議員和總統，九次失敗，但他屢敗屢戰，終於在五十一歲那年當選為總統。

他結束了美國南北戰爭，維護了聯邦的完整，廢除奴隸制，並推動了全國經濟的發展，短短幾年內作出了巨大的貢獻，卻不幸於 1865 年4 月在劇院遇刺身亡。

LINCOLN FOR PRESIDENT

林肯
身處時代的
世界大事

1809 年
林肯出世

1819 年
西班牙割讓佛
羅里達給美國

1848 年
美國加利福尼亞
州出現淘金熱

1854 年
日本初次與
美國通商

1861 年
美國爆發
南北戰爭

1865 年
林肯遇刺
身亡

圖：Spacey Ho

解放黑奴的美國總統
林肯

　　年輕時的林肯很早就離家外出工作。有一次，他和伙伴阿倫送一批貨物到美國南方的一個大商港紐奧良。做完了工，他倆就在港口閒逛。

　　忽然，人羣中起了一陣騷動：只見有人揮着鞭子吆喝着，驅趕着十來個衣衫襤褸的黑人穿過人羣，向一處市場走去。這些黑人被鐵鏈串着雙腳，步履蹣跚，跌跌撞撞地向前邁着步，還不時被鞭打着。

　　「這是怎麼一回事呀？我們也過去看看！」兩人就跟在後面來到市場的一角。

　　黑人們被趕上了一個平台，一個白人揮着鞭子站在他們前面，大聲向台下的人們叫道：「這是今天剛從非洲來的一批貨！瞧，有男有女，有壯有少，貨真價實，不要錯過機會呀！」

　　先是一個強壯的黑人青年被拉了出來，被台下一個白人用八十元買了去。第二個被拍賣的是個中年黑婦，台上白人用手捏着她的手臂和大腿，奸笑着說：「別看她上了些年紀，瞧，還是能幹活的！底價五十元，誰要？」

　　林肯氣憤填膺：「怎能把人當牲畜般對待？是誰給他們的權力？」

　　阿倫來過紐奧良，回答說：「南方莊園主都是買了奴隸在家工作的。這裏每天都有好幾場這樣的拍賣呢！」

台上的黑婦被買主帶走時，一個十來歲的女孩撲到她懷裏哭着不讓她走，但是母女倆硬是被分開了。林肯再也看不下去了，拉着阿倫回頭就走。

　　那天拍賣黑奴的景象深深震撼了林肯。他對阿倫說：「這種不公平、不道德的奴隸制度應該取消，所有人都是生來平等的，人人都應享受自由平等的生存權利！」

　　「你說的話都是對的，但是我們能做些什麼呢？」阿倫說，「除非你去當個政治家，去當一名律師，說出來的話才有人聽。」

　　這句話觸動了林肯，他暗下決心：我要從政，站出來向大眾呼籲，打垮這不人道的制度！

於是，林肯更努力地工作和學習。他因為家貧，只上了幾個月的學，但他勤奮好學，自己讀了很多書。

自從決心從政後，他一邊打工賺錢維持生活，一邊閱讀大量法律方面的書籍；他知道一名律師要有說服人的口才，便謙虛地向人請教，去法院旁聽律師的辯論，去教堂學習布道教士的演說技巧，自己跑到小樹林裏練習演講……他的刻苦學習終於使他成為一名合格的律師。

二十三歲那年，朋友們都鼓勵他出來競選州議員，雖然落選了，但是他為民眾爭取權益的激情演講卻給人們留下了深刻的印象。

　　接下來的幾年他卻遭遇到一連串的打擊：失業、欠債；未婚妻病逝；競選州議長、國會議員、參議員也敗北……十一次的參選活動中九次失敗！

　　但是意志堅強的林肯並沒有氣餒，依然到處去演說，宣傳他的政治主張。他學識淵博，口才了得，講話風趣幽默，很得人心。雖然常常遭到反對派的譏諷嘲笑，但是林肯都能從容以對。

有一次，林肯在演講時有個年青人遞給他一張紙條，他打開一看，上面只寫着「傻瓜」兩個字。林肯笑着對聽眾説：「我曾經收到過不少匿名信，都是只有內容沒有署名。今天這封信倒是個例外，這位先生只是署了他自己的名字『傻瓜』，卻忘了寫內容。」台下一陣哄笑，那個寫信的人羞得無地自容。

　　機智的林肯就是這樣頂住風浪不懈努力，終於在1860年的選舉中獲勝，成為美國第十六任總統。

　　林肯當了總統，但是擺在他面前的是一個形勢嚴峻的局面：支持奴隸制度的南方反對林肯登位，有七個州宣布獨立，成立了「美利堅聯盟國」，聯邦國家面臨分裂的危險。

　　面對這危急時刻，林肯顯示出他超人的睿智和傑出的領袖才能。

　　首先，他堅定地發表聲明：「我不能坐視政府遭到毀滅。我決不會作出任何讓步和妥協……我們要堅持立場，不允許奴隸制度擴展一步，我們要堅定不移準備迎接一場惡鬥的來臨。」

初期北方的聯邦軍出師不利，林肯更換了幾任總司令，還親臨前線發布作戰命令。

　　1863年，林肯發表了《解放奴隸宣言》，宣告了美國奴隸制的滅亡。成千上萬黑人奴隸獲得了自由，加入聯邦軍。

　　宣言的發表是南北戰爭的轉折點，聯邦軍在1865年4月取得了最後的勝利，國家從分裂中得到了統一。

　　在任期間，林肯還頒布了一些有利民生的法規條例，為推動國家經濟發展作出了巨大的貢獻。現在通用的五美元紙幣和一美分硬幣上都刻印着林肯的頭像，可見他在美國民眾心目中享有崇高的地位。

林肯金句

◆ 所有人都是生來平等的。

◆ 每個人心中都存有繼續往前的使命感。努力奮鬥是每個人的責任，我對這樣的責任懷有一份「捨我其誰」的信念。

◆ 我們活着的人應該獻身於那些曾在此作戰的人們所英勇推動而尚未完成的工作。……要使那民有、民治、民享的政府不致從地球上消失。

思考園地

1. 一個只上了幾個月學的農村少年，怎麼會成為美國最偉大的總統之一呢？

2. 你認為一個卓越的領袖應該具備什麼條件？你認為自己具備這些條件嗎？為什麼？

孫中山

推翻中國兩千年帝制，建立民主共和國

孫中山（1866年－1925年），中國廣東省香山縣翠亨村人，近代中國革命的偉大先行者。

少年孫中山眼見滿清政府腐敗無能，迫切希望改造社會。他一邊行醫，一邊進行救國活動，改造方法行不通後決心投身革命，提出「顛覆滿清，建立民國」的口號，因受迫害而流亡國外十六年。

他為革命事業奔波世界各地，直接或間接領導了國內十次武裝起義，百折不回，終於在1911年10月爆發的辛亥革命中取得勝利，推翻清朝，結束中國兩千多年的封建皇朝統治，建立民主共和國。

1866年	1895年	1900年	1905年	1911年	1925年
孫中山出世	中國於甲午戰爭中敗給日本	八國聯軍攻入北京	中國廢除科舉制	辛亥革命爆發	孫中山逝世

圖：李成宇

近代中國的偉大革命家
孫中山

　　孫中山原名孫文，從小就喜歡思考、敢想敢說。小同伴中要是有人被欺負，他一定挺身而出主持公道，所以他在同伴中的威信很高，成為他們的「小領袖」。

　　村裏有三兄弟，積了些錢建造了一所帶花園的住宅，孫文也常常和小伙伴們去他們的花園玩。可是有一天，一隊清兵佔領了這所宅子，把三兄弟趕了出去。原來是一名高官看中了這住宅，便濫用權力霸佔了。

　　幼年孫文氣憤極了，他問父親：「政府官吏不是應該保護老百姓的嗎？怎麼能像強盜一樣搶奪百姓的財產呢？真是太豈有此理了！」

　　父親搖頭歎息：「現在的政府就是腐敗到了這個地步！老百姓有什麼辦法能對付他們？算了，你以後別去那裏玩了。」

孫文偏偏不服氣，一天，他約了幾個孩子偷偷溜進這所住宅的花園去玩。

　　一個大官正在花園散步，見到他們怒斥道：「喂，你們在這裏做什麼？」

　　孫文昂起頭大聲回答：「我們來玩，這是我們常常來玩的地方呀。」

　　大官兇狠地說：「現在這是我的花園了，你們趕快出去！」

　　孫文冷笑着回答道：「這不是三兄弟的家嗎，怎麼會成了你的？當官的怎麼可以隨便強佔百姓的房子呀？」

　　小伙伴們也跟着起哄，大官惱羞成怒，便叫來衞兵把他們趕了出去。

當面痛罵了貪官，為村民們出了一口氣，孫文覺得心裏很痛快。

　　但是，聯想到一些窮兇極惡的朝廷官吏常來村裏強迫百姓納稅徵糧、拉人服勞役等等惡行，孫文覺得要讓百姓過上太平日子，就要改變這一現狀。可是一位老人告訴他：這些老規矩都是皇帝定下來的，不能改變。孫文這才知道，原來中國的所有事情都是由皇帝一人說了算的。

孫文在十三歲時到美國讀書，四年後回國，見到民眾的生活依然貧窮落後，政府依然貪污腐敗，就更堅定了他要用改革來富民強國、實現民主自由的決心。

　　他先後在廣州和香港學醫，畢業後開了一家藥局行醫。期間他結識了一些志同道合的朋友，他們常在一起談論時政，商量救國大計。

　　有一天，藥局的一個伙計慌慌張張來找孫文的朋友，說：「孫先生失蹤了，好幾天沒來藥局，我們沒錢撐下去了！」

　　朋友們忙着籌錢穩定藥局，並四出尋找孫文。

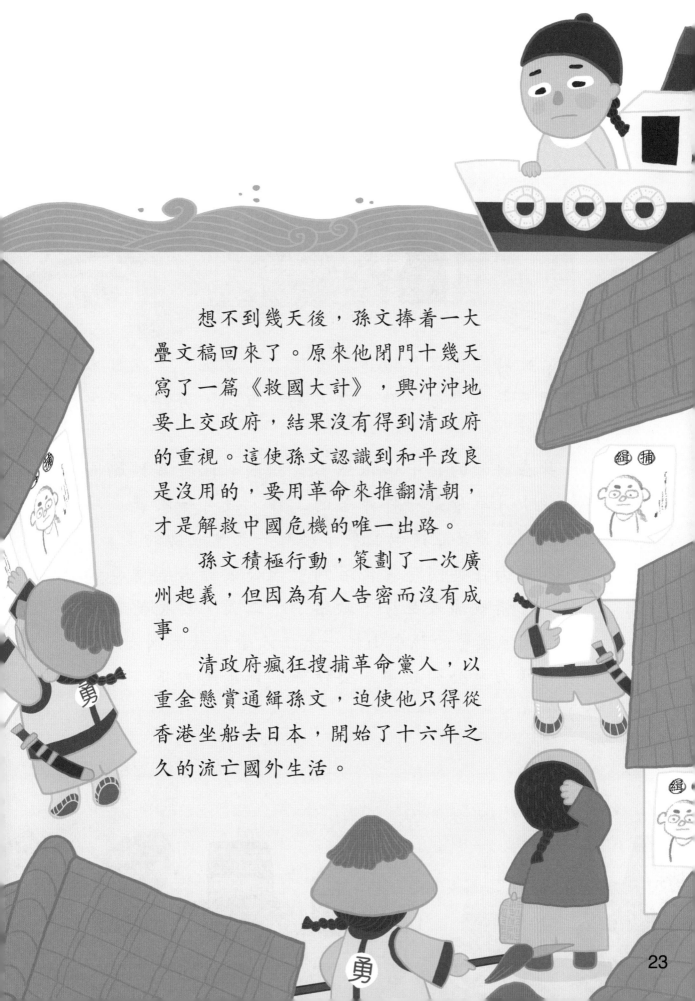

想不到幾天後，孫文捧着一大疊文稿回來了。原來他閉門十幾天寫了一篇《救國大計》，興沖沖地要上交政府，結果沒有得到清政府的重視。這使孫文認識到和平改良是沒用的，要用革命來推翻清朝，才是解救中國危機的唯一出路。

孫文積極行動，策劃了一次廣州起義，但因為有人告密而沒有成事。

清政府瘋狂搜捕革命黨人，以重金懸賞通緝孫文，迫使他只得從香港坐船去日本，開始了十六年之久的流亡國外生活。

　　清政府在世界各地追捕着這名「要犯」。在日本時為了不暴露身分，孫文改名為孫中山，剪掉辮子，改穿西服。

　　身在海外的孫中山依然心繫祖國。他時常鼓勵同志們說：「革命是一件艱苦的工作，沒有一次就成功的。我們的事業在蓬勃開展，終有一天會成功的！」

　　孫中山在英國時曾化名到中國公使館去宣傳革命思想，可惜被識破身分，軟禁了十二天，要把他秘密遣返回國。機警的孫中山托一老工人帶信給英國友人，動員傳媒力量公開此事，公使館在輿論壓力下只得釋放了他。

孫中山身體力行，日日夜夜不知疲倦地工作：大量閱讀書籍，豐富軍事知識；發展組織、制定民主革命綱領。他不顧辛勞奔波於美國、英國、加拿大、日本各地，學習各國革命經驗，並募集了大量捐款支援國內革命。

　　在孫中山的領導下，國內的革命志士前赴後繼進行了十次武裝起義，終於在 1911 年 10 月 10 日發動的武昌起義成功，其後各省紛紛響應，宣布獨立。

　　孫中山回國被選為南京政府臨時大總統，清朝皇帝被迫退位，統治中國兩千多年的封建帝制宣告終結，中國歷史從此掀開了民主革命的新一頁。

孫中山金句

◆ 國家之本，在於人民。

◆ 革命尚未成功，同志仍需努力。

◆ 我一生的嗜好，除了革命以外，只有好讀書。
　我一天不讀書，便不能夠生活。

思考園地

1. 孫中山長年流亡在外國，怎麼說是他領導了辛亥革命成功呢？

2. 你認為封建帝制和民主制度各有什麼優點和缺點？如果你是一個國家的領導人，你希望建立什麼樣的政治制度呢？

甘地

以和平方式抗爭，領導印度獨立

莫罕達斯‧卡拉姆昌德‧甘地（Mohandas Karamchand Gandhi，1869 年－1948 年），印度民族解放運動的領導人，是印度的「國父」。

出生於印度西部一個印度教家庭，信奉印度教的仁愛、素食、不殺生主張，形成了他日後主張平等博愛、和平非暴力的思想。

十九歲赴英國學習法律，成為一名律師。在南非工作時領導印度僑民反抗種族歧視，回國後以非暴力不合作方式為印度的獨立而戰，終於使印度在 1947 年擺脫英國的殖民統治，正式獨立。第二年他被激進的印度教徒射殺身亡。

甘地畢生為印度獨立和民族團結而奮鬥，印度人民尊稱他為「聖雄」。

甘地
身處時代的
世界大事

1869 年	1877 年	1914 年	1939 年	1947 年	1948 年
甘地出世	英女王兼任印度皇帝	印度被捲入第一次世界大戰	印度被捲入第二次世界大戰	印度獨立	甘地遭暗殺

印度獨立之父
甘地

　　甘地自小是個誠實、善良、孝順的孩子，但是他也有過犯錯誤的時候。

　　有一次他想和小伙伴一起去郊遊，但是沒有錢，又不好意思向母親開口要，心裏很着急。

　　他忽然想起哥哥有一個用金片連結成的手鐲，便偷偷取下了兩塊金片變賣了錢用。事後甘地十分後悔，覺得自己違背了父母的教導，做了一件非常錯誤的事。他便寫了一封懺悔信，坦白了自己的所作所為，誠心誠意道歉，保證永不再犯。

躺在病牀上的父親流着淚看完了他的信，一言不發。甘地跪在牀前叫道：「爸爸，我做錯了，你打我罵我吧！」

父親握着甘地的手溫柔地說道：「懲罰只能令人懼怕，只有愛心和寬恕才能使人悔改。孩子，你已經知錯，我原諒你了。」

這是甘地一生中第一堂寶貴的「非暴力」課。他本以為父親會非常憤怒地打罵他，父親的慈愛使甘地學懂了：愛、和平、非暴力具有巨大的感化力量，這也成為日後甘地做人的原則，也是他一生行動的依據。

　　從英國學成歸來的甘地成了一名律師，應約到南非去辦事。那時南非同樣是英國殖民地，印度僑民只能做一些體力工作，被白人稱為「苦力」。

　　甘地買了一張頭等火車票坐下，一個英國人車長走過來不客氣地說：「苦力，回到三等車廂去！」

　　甘地拿出他的車票：「我買的是頭等車票。我也不是苦力，是一名律師。」

　　車長兇狠地說：「不管你是誰，這裏不是你可以坐的，去三等車廂！」

　　倔強的甘地不理他的無理要求，坐着不動。

　　車長竟叫來警察，把甘地連人帶行李扔出了車外。

同樣的事甘地還遇到好幾次。印度朋友告訴他：在南非就是這樣的，你慢慢會習慣的。

政府的種族歧視和印度僑民的懦弱使甘地感到憤怒和痛心，他決心要做一個勇敢的印度人，對抗非正義的行動和強權暴力，爭取平等的人權。

甘地用和平、有禮、講道理的方式，透過請願、演講、出版小冊子等方法呼籲印度人要團結要鬥爭，向政府討回公道，終於迫使英政府修改了多項不平等的法律條款。

甘地回到祖國印度後，把南非印度僑民的鬥爭成果在各地廣泛宣傳，鼓勵人們為擺脫英國殖民統治而奮鬥，甘地成為他們的領袖人物。

　　根據在南非鬥爭的經驗，甘地也採取了非暴力的和平抗爭方式。他在全國發起了不合作運動，其中一項內容是不買英國洋布，改穿土布。甘地召開了一次羣眾大會，他出來演講時把眾人看得目瞪口呆……

　　身為大律師的甘地剃光了頭，只在腰間纏了一條窄窄的布，肩上披了一條布作圍巾，腳上穿着自己編製的草涼鞋，像個苦行僧似的走上講台。

　　他説：「英國人用低價把我們辛苦種出的棉花運到英國加工成洋布，再以高價賣給我們。我們再也不能受這樣的剝削了！我們要自己紡紗織布，穿自己的土布！目前土布不夠，那就纏上一條腰布吧！你們看，像我這樣，很舒服呢！」

　　甘地以身作則做了個好榜樣，家家穿自製衣服，這就是全國範圍的「紡織運動」。

1930 年，六十一歲的甘地又發動了一場震驚國內外的抗英運動。

甘地率領着七十八名男女，開始了三周的步行。一路上村民們潮水般湧上來向甘地送上鮮花和水果表示敬意。這支隊伍沿途向民眾宣傳這次不合作運動的意義。原來是有關民生第一要素的食鹽生產被英國政府控制着，迫使百姓要承受高價剝削。甘地決定要打破這個陳規陋習，鼓勵民眾自己造鹽。

甘地的隊伍越走越長，村民們紛紛加入，到達海邊時已成了千人大軍。

甘地先把一張紙條交給跟隨而來的記者，上面寫着：「希望全世界同情和支持這次真理對強權的抗爭。」然後他走向大海，在海灘上撿起一把已經被陽光曬乾的鹽，撒向人羣。人們歡呼着，紛紛湧上來取鹽。

英政府殘酷鎮壓造鹽運動的參加者，甘地也被捕入獄，引起了世界輿論的關注，迫使英政府釋放政治犯和開放了製鹽權。

甘地堅持用非暴力的不合作態度與英政府抗爭，為此他曾多次入獄，還進行過無數次的絕食鬥爭。1947 年 8 月 15 日，印度脫離了英國統治，成為獨立的國家，甘地的願望終於成真了。

甘地金句

◆ 我首先是一個人，其次才是印度人。

◆ 我們必須學會尊敬別人，不是因為他們有着怎樣
的價值，而是因為他們是 —— 人。

◆ 以眼還眼，世界只會更盲目。

思考園地

1. 甘地領導的抗英鬥爭沒有一槍一炮，僅僅用他的言辭、
絕食，以及民眾遊行等和平行動來抗爭，居然獲得勝利，
爭取到國家獨立。他那瘦小贏弱的身軀裏有着什麼樣的
力量支持着他呢？

2. 你對甘地的和平抗爭行動有什
麼看法？若遇上不合理的事
情，你會怎樣做呢？

珍・古德

將一生獻給動物保育事業

珍・古德（Jane Goodall，1934 年－），英國生物學家、動物行為學家、人類學家、動物保育人士。

珍自小熱愛動物，長大後去東非工作，長期進行對黑猩猩的野外研究，取得豐碩的成果。她發現黑猩猩能像人類一樣使用工具，並具有各種情感，也會自相殘殺，也吃肉，從此改變了人們對黑猩猩的看法。

她還成立國際珍古德協會，積極推動保護動物和環境教育工作，由於她的傑出科學成就和致力促進保育事業而獲得無數榮譽，包括 1995 年獲英女王頒發勳章，2002 年獲得「聯合國和平使者」稱號。

珍・古德 身處時代的 世界大事	1934 年 珍・古德 出世	1952 年 伊利沙伯二世 登基為英女王	1973 年 三位動物行為學 家獲諾貝爾獎	1996 年 第一隻複 製羊誕生	2003 年 英國與美國對 伊拉克動武	2016 年 英國公投 脫離歐盟

圖：Sheung Wong

黑猩猩的守護者
珍・古德

　　這天下午，古德家慌成一團——五歲的女孩珍失蹤了！

　　全家人員出動在屋裏屋外找了她三個小時，影蹤全無。天快黑了，媽媽心急如焚。

　　「回來了，回來了！」有人叫道。只見珍滿頭亂草，腳步蹣跚地從雞舍走出來。

　　她興奮地撲向媽媽，大聲叫道：「媽媽，我知道母雞怎麼下蛋了！」

「啊？你一個下午就鑽在雞舍裏看母雞下蛋？」
媽媽問。

　　「是呀，起初母雞見到我很不高興，都跑了出去。
後來我躲在一個空雞籠裏一動也不動。等了好久才有
一隻母雞進來，我看到牠下蛋了！真好玩！」

　　「珍，你真了不起！」媽媽誇獎這個女兒，佩服
她的耐心和毅力。

　　這就是珍‧古德，日後聞名世界的動物學專家。
這次的「研究」成功，充分顯示了珍的聰明機智以及
對動物的濃厚興趣。

　　珍在一歲生日那天，收到父親送的一個毛絨黑猩猩——朱比利，那是玩具商為慶祝倫敦動物園裏一隻黑猩猩寶寶出生而特製的玩具。珍非常喜歡它，成為她幼兒時期形影不離的玩伴。誰能料到，珍與黑猩猩的這分友誼竟延續了一生！

　　自小熱愛各種小動物的珍在書本上知道世界上有個叫非洲的地方，那裏有很多動物可以在草原上自由奔跑。於是，去非洲看動物，成了珍的最大夢想。

機會來了！一個移居東非的朋友邀請珍去玩，珍打工積夠了船票錢才動身。

　　她在非洲找到一份合意的工作 ── 到貢貝自然保護區去研究一羣野生黑猩猩。

　　最初幾個月的觀察都沒什麼進展，直到有一天，珍手拿香蕉走近一頭黑猩猩，黑猩猩起初不搭理她，她堅持把香蕉向牠伸去。過了很久，黑猩猩搖搖擺擺走了過來，從她手中拿走了香蕉。再後來，那頭黑猩猩會把珍的手握在自己的手掌中，也讓珍輕柔地梳理牠的毛……牠和珍成了朋友！

　　黑猩猩羣接納了珍。她欣喜若狂，整日在林中與黑猩猩們近距離相處，漸漸熟悉了牠們，並給每頭黑猩猩都取了名字。首先接受她的那頭黑猩猩名叫「白鬍子大衛」。

　　珍每天都有新的發現。她看到雌猩猩怎樣撫育寶寶，不同羣體怎樣打鬥，甚至看到黑猩猩分食野豬肉。還有一次，她看見白鬍子大衛和一個同伴用一根草莖插進地洞裏勾出白蟻來吃；草莖彎了，牠們會把彎曲的一頭扯斷，或者換轉另一頭用，或是另找一根草莖，或是找來細樹枝，摘去樹葉後當釣鈎用。

這些都是驚人的發現。因為以前人們都以為黑猩猩是素食動物，認為野生動物不會使用工具。珍的研究成果揭示了黑猩猩的秘密，在學術界引起了轟動。

珍還觀察到黑猩猩與人類有很多相似的地方，牠們的感情也很豐富，會有快樂、興奮、悲傷、憤怒的情緒表現，有社團組織的集體活動，能與人類有互動交流……她把自己觀察到的第一手資料寫成書，還成立了研究中心，擴大了研究黑猩猩的規模。

　　珍發現叢林裏有人任意捕殺黑猩猩，所以她創辦了黑猩猩康復中心，收養和治療一些受傷的黑猩猩。

　　有一次，珍發現一頭病重的黑猩猩，當時牠骨瘦如柴、奄奄一息。珍帶牠到康復中心去醫治，取名汪達，天天餵牠喝奶，精心護理了幾個星期，汪達變得強壯、健康，可以回歸大自然了。

　　汪達被運送到目的地後便走出木箱，左顧右盼，找到珍後，熱情地給她一個大大的擁抱，像是感謝她的救命之恩，幾分鐘後汪達才放開珍，慢慢步入叢林開始牠的新生活。

　　在場的人都被這一幕感動了。這說明黑猩猩有靈性、有感情，和人類一樣！

珍決心投身野生動物的保育工作，她成立了「國際珍古德協會」推動全世界的野生動物保育和環境教育工作，其中有一個「根與芽」計劃發動孩子們為環保出力。

　　八十多歲的珍仍馬不停蹄地在世界各地巡視，為動物保育奔波，她是動物們最好的朋友。

◆ 唯有了解才會關心，唯有關心才會行動，唯有行動，生命才有希望。

◆ 根，向下無盡的伸延，形成穩固的基礎。芽，雖然看起來嬌小薄弱，卻能夠為了尋覓陽光而破土移石。如果我們為地球所製造的各種問題，是一道道堅固無比的城牆，遍布世界各地生根萌芽的千萬顆種子，就足以改變世界。你，能夠改變世界。

思考園地

1. 珍獨自深入非洲叢林，長期與黑猩猩在一起，和牠們成為朋友，觀察和研究牠們。她為什麼要這樣做？

2. 你對什麼事物最感興趣？你會做些什麼來增加對該事物的認識？

德蘭修女

身體力行，終身侍奉最貧窮的人

德蘭修女（Mother Teresa，1910 年－1997 年），阿爾巴尼亞人，天主教修女及傳教士，世界著名的慈善工作者。

十八歲加入修女會，立志為弘揚神的愛而工作，並以法國聖女德蘭為名。她來到印度的加爾各答，深入貧民區工作，讓窮人感受到尊重、關懷和愛。1950 年創辦了仁愛傳教會，後來擴展到全球一百多個國家。

德蘭修女以博愛的精神，一生為貧窮人服務，1979 年獲頒諾貝爾和平獎，但她謙遜地說自己只是「窮人的手臂」、「上帝手中一枝小小的鉛筆」，人們尊稱她為「窮人的聖母——德蘭媽媽」。

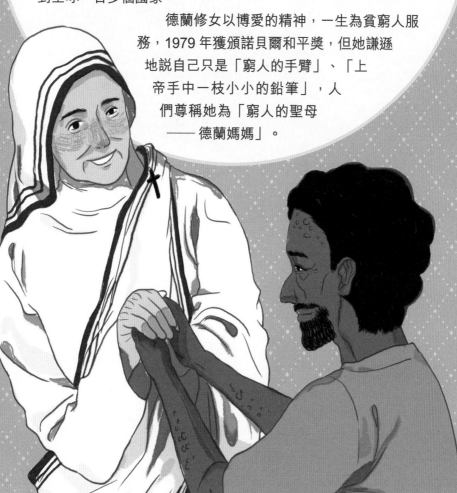

德蘭修女
身處時代的
世界大事

1910 年	1912 年	1945 年	1947 年	1962 年	1997 年
德蘭修女出世	阿爾巴尼亞脫離土耳其，宣布獨立	聯合國成立	印度獨立	印度與中國爆發邊境戰爭	德蘭修女逝世

圖：Chiki Wong

窮人的守護天使
德蘭修女

　　德蘭修女本名阿涅澤，父母都是虔誠的天主教教徒，常在教會做善事。

　　一天，他們為窮人發麵包。阿涅澤看見很多人來排隊拿麵包，憂心地問父親：「原來窮人有這麼多啊？」

　　「是啊，這個世界上還有很多吃不飽的人呢！」父親說。

　　阿涅澤問：「爸爸，你的藥店裏有沒有能治好貧窮的藥？」

　　父親慈祥地說：「寶貝，現在還沒有能治好貧窮的藥呢！等你長大了，你來發明這種藥，救救窮人吧！」

阿涅澤的母親對上門乞討的窮人都是微笑着施捨，有一次甚至把一個重病的女路人帶回家，阿涅澤問母親：「她是誰呀？」

　　母親說：「我也不認識她，但她也是我們的姐妹。她病了，需要我們幫助。」

　　阿涅澤在母親身上學到了尊重和關愛窮人。她立下了志願：等我長大了，我要去有很多窮人的地方幫助他們。

　　阿涅澤說到做到。十八歲那年，她離家去接受修女會的培訓，立志為神工作。

阿涅澤正式成為一名修女後，來到印度的加爾各答，她要為窮人中最窮的人工作。她自己改名為德蘭——那是她崇敬的一位法國聖女的名字。

　　德蘭修女起初在一間貴族女子學校教書。可是當她見到學校高牆外面的情景時，她坐不住了——衣衫襤褸的孩子們在垃圾堆上玩耍，乞丐在沿街討飯，殘疾老人坐在街邊孤獨淒涼……

　　於是，她走出高牆，走進貧民窟，向窮人伸出了手。

　　德蘭修女建立了臨終關懷院收容孤寡老人，創辦了仁愛傳教會治療病人，成立了兒童之家收養棄兒和流浪兒童……她還建立了一所麻風病人收容院。

　　收容院正式開放那天，德蘭修女親自在門口接待病人，她不嫌骯髒，不怕被傳染，一一和他們握手。這些都是在社會上被鄙視被遺棄的一羣，人們見到他們都躲得遠遠的。德蘭修女的愛心溫暖了病人本已對人生絕望的心，他們得到了尊重和愛，個個都感動得哭了。

　　在仁愛傳教會裏，修女穿的制服是德蘭修女精心
設計的。

　　她說：「我們既然是為窮人服務，那麼就應該穿
着與窮人相同的衣服。」她採用了印度婦女傳統的紗
麗形式，用白棉粗布做成，鑲上三條藍色的布邊。白
色，代表貞潔、真相；三條藍邊象徵傳教會修女的誓
言──貧窮、服從、全心全意為最貧苦的人服務。

　　德蘭修女要求修女們「恪守貧窮」，她說：「我們要從物質的牽掛中解放出來，以這樣的自由，去守一生的愛。」

　　傳教會內設備簡陋，夏天沒有電風扇，冬天沒有暖氣。有一次，一位女僑民送來了冰箱、電視機等電器，德蘭修女說：「窮人家裏有這些嗎？沒有！所以我們也不需要。只有體驗窮人的生活才能知道他們的艱辛。」

　　她身體力行，全部財產就是一尊耶穌像和三件舊衣服。

　　1979 年 12 月，德蘭修女來到挪威接受諾貝爾和平獎。

　　當她聽說頒獎典禮之後國王將在宴會上與她見面，她就平靜地說：「請把宴會取消吧。」

　　「為什麼？」

　　她誠懇地說：「請把籌辦宴會的這筆錢捐給加爾各答的窮人，好嗎？他們很需要幫助。」

　　「嗯……您說得有理，我們會考慮這樣做。」

　　用以一百三十五人享用的晚宴所花費的七千美金，可以讓一萬五千名窮人飽餐一天。

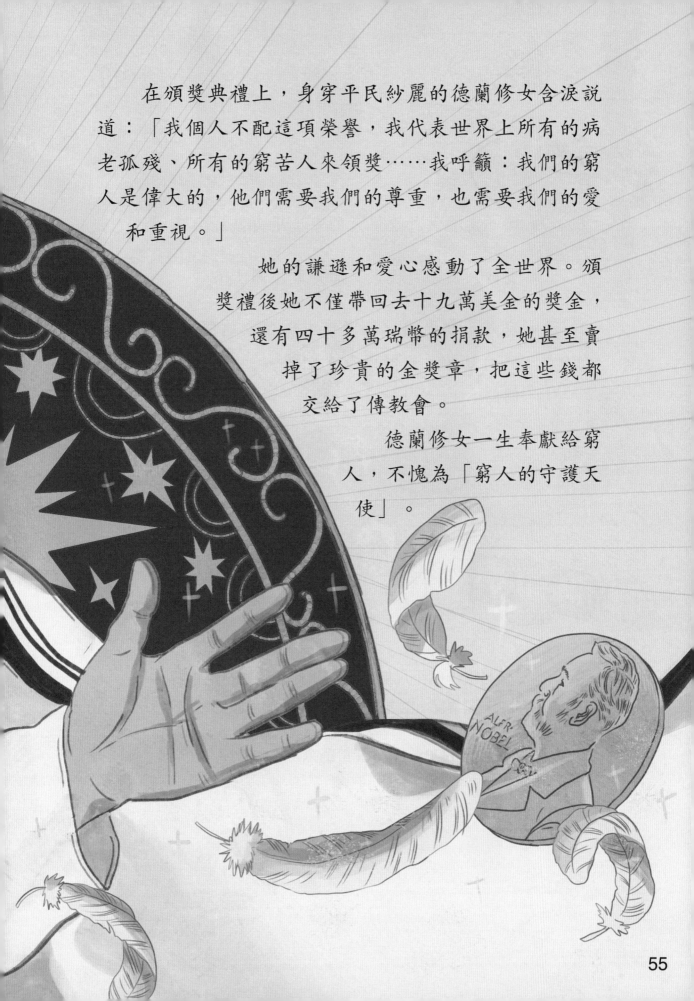

在頒獎典禮上，身穿平民紗麗的德蘭修女含淚說道：「我個人不配這項榮譽，我代表世界上所有的病老孤殘、所有的窮苦人來領獎……我呼籲：我們的窮人是偉大的，他們需要我們的尊重，也需要我們的愛和重視。」

她的謙遜和愛心感動了全世界。頒獎禮後她不僅帶回去十九萬美金的獎金，還有四十多萬瑞幣的捐款，她甚至賣掉了珍貴的金獎章，把這些錢都交給了傳教會。

德蘭修女一生奉獻給窮人，不愧為「窮人的守護天使」。

德蘭修女金句

◆ 不一定要做什麼偉大的事，用心做好小事。

◆ 愛的反面不是仇恨，而是漠不關心。

◆ 窮人不需要我們的同情或憐憫，他們需要我們的幫助。他們給予我們的多於我們給予他們的。

思考園地

1. 一名身材瘦小的平凡婦人是憑藉什麼感動了全世界，獲得了最高榮譽，並推動了世界各地的慈善活動的？

2. 你覺得自己的力量能夠改善窮人的生活嗎？為什麼？

無私的
奉獻精神

南丁格爾

到戰地照顧傷病者，建立世界第一所護士學校

佛羅倫斯·南丁格爾（Florence Nightingale，1820 年 – 1910 年），著名的英國護士、現代護理事業的創始人。

她出身在英國上流社會家庭，受到良好教育。她不顧家人反對，立志要當救死扶傷的護士，在德國學習護理學後當了英國一家醫院的護士長，曾率領三十八名護士到前線醫院工作，悉心照顧傷病員，改善醫院的管理和環境，使英軍傷員死亡率大幅下降近百分之五十。

戰後，她創建了世界上第一所正規的護士學校，還把自己的護理和管理經驗編寫成書出版，奠定了現代護理事業的基礎。她的生日 5 月 12 日被定為國際護士節。

| 南丁格爾
身處時代的
世界大事 | 1820 年
南丁格爾
出世 | 1837 年
維多利亞登
基為英女王 | 1840 年
中國與英國爆發
第一次鴉片戰爭 | 1858 年
第二次鴉片
戰爭爆發 | 1864 年
紅十字會
成立 | 1910 年
南丁格爾
逝世 |

圖：郝敏棋

提燈天使
南丁格爾

南丁格爾家的馬廄裏養着好幾匹馬。一天早上，小南丁格爾聽見兩個馬夫在交談：

「唉，看來牠的腿傷得不輕，以後不能跑了。」

「那留着牠有什麼用？不如給牠一槍吧。」

小南丁格爾趕快上前一看：一頭小馬躺在地上，一條前腿上有一道長長的傷口淌着血。小馬渾身哆嗦，不停抽搐着。

「牠怎麼啦？怎麼會這樣的？」她急忙問道。

「牠在練跑時跌倒了，撞在了鐵欄上，看來這條腿毀了！」一個馬夫說。

「那也不能不管牠呀！快救救牠吧！」

小南丁格爾和馬夫一起為小馬治傷。他們用消毒藥水幫小馬洗淨了傷口，塗上了藥膏，再用夾板和繃帶把腿骨固定包紮。吞下一片止痛藥後，小馬的情緒漸漸平復了下來。

小南丁格爾天天來為小馬換藥，餵牠吃蘋果，撫摸牠的頸部安慰牠。在她細心照顧下，小馬最終能站起來行走了。

南丁格爾家中經常舉辦宴會。姊姊很喜歡這樣熱鬧的場合，但是南丁格爾卻往往獨坐一旁，或是躲在自己房裏看書。

她曾經跟着父母去歐洲旅行，看見到處有貧窮的人。對比自己的優裕生活，她感到很不安，心想：我能做些什麼幫助他們擺脫貧困和疾病呢？

南丁格爾想了很久，終於鼓起勇氣向父母說了自己的打算：

「我要去做護士，幫助病患者康復。我要為人類做一些有意義的事。」

家人都大吃一驚，齊聲反對。

「你瘋了？你是名門淑女，怎麼能去做這麼低下的工作？」媽媽不相信自己的耳朵。

「護士是伺候人的工作，整天在又髒又臭的醫院裏，太恐怖了！」姊姊想想都怕得發抖。

「幫助人可以有很多別的辦法，你怎麼會有這個念頭？別胡鬧了！」爸爸說。

南丁格爾知道和家人再爭也沒用，她就安靜地開始自學，看了各國的醫護書籍，學了很多護理知識。後來還到德國去參加了培訓。

　　她堅持要掌握自己的命運，家人也沒再加以阻攔。在英軍的一次戰爭中，她帶領了三十八名護士到前線醫院工作。

　　醫院的狀況非常糟，設備差、藥物少，傷病士兵躺在骯髒的地上，沒有乾淨的被服和食物，還因得不到治療而大量死亡。她決心大力改革。

　　人們議論紛紛：一個嬌小姐能做些什麼？過不到兩天就會哭着回去！

南丁格爾和伙伴們不分晝夜工作，進行了全面清掃，使醫院煥然一新；裝上熱水器和消毒機，使病人喝到了熱湯，有了乾淨的衣服和牀單。南丁格爾還改善管理機構，提高了工作效率；爭取到資助，擴建了醫院，辦起了軍人俱樂部和圖書館。她的魄力和辦事能力令人吃驚。

　　南丁格爾白天忙得團團轉，夜深人靜時還不休息，總是提着油燈在病房巡視，為病人蓋被餵藥，安撫傷重士兵。人們見到她的身影都感動得流淚，稱她為「提燈天使」。

南丁格爾在前線醫院的傑出工作成績獲得了全國的讚賞，女王親筆寫信給她表示感謝和支持。她向女王提出兩項要求：給留醫的傷兵照常發薪，為陣亡將士就地建造墓園讓他們安息。這兩項工作都實現了。醫院的傷病員萬分激動，高呼「女王萬歲！南丁格爾萬歲！」

　　戰爭結束了，南丁格爾避開了人們在碼頭的歡迎儀式，悄悄坐火車回家。

　　家裏堆滿了人們寄來的感謝信和禮物。母親見到她欣喜若狂，緊緊抱着她哭着說：「寶貝，你做得真出色！我們為你感到驕傲！」

　　南丁格爾用捐款成立了基金會，建立了第一所護
士學校，她寫的《護理備忘錄》成為護士的教科書；
她還進行了對英國陸軍衛生健康工作的改革，甚至為
美國、加拿大和日本的護理事業出力。

　　她不辭勞苦工作到八十一歲時雙目失明，九十歲
時安詳離世，一生獻給了她心愛的護理事業。

- ◆ 護士必須要有同情心和一雙願意工作的手。

- ◆ 人是最寶貴的，能夠照顧人使他康復，是一件神聖的工作。

- ◆ 護理不應該只在醫院內，連在醫院之外眾人的身、心、靈的健康都要照顧。護士是最接近傷患的人，最能感受人的痛苦。

思考園地

1. 一位嬌生慣養的富家小姐，居然不怕髒、累、苦，甘願去當一名當時被社會看低的護士，並為此貢獻了一生。這是一種什麼樣的精神？

2. 我們每天都能過着舒適安穩的生活，其實是很多人付出的成果，而那些付出的人甚至可能是你從沒見過的。從早上你在牀上睜開眼睛開始，直到晚上睡覺之前，有哪些人令你在一天的生活中都過得順心的呢？

諾貝爾

創立基金，將財產分給對社會作出偉大貢獻的人

阿佛烈·伯恩哈德·諾貝爾（Alfred Bernhard Nobel，1833年－1896年），瑞典發明家、諾貝爾獎創始人。一生從事炸藥研究與製作，被稱為「炸藥大王」。

諾貝爾小時候羸弱多病，八歲才上學，只讀了一年書。在熱愛科學的父親影響下，立志為科學獻身、為人類造福。父子倆為了發明安全的民用炸藥，冒着生命危險一次次做試驗，最終達成目標。黃色安全炸藥（即諾貝爾炸藥）為全世界廣泛使用。

他不滿意炸藥被用於戰爭，於是把辦實業取得的巨大利潤回饋社會，每年獎勵對人類作出重大貢獻的科學家、文學家和政治家。

諾貝爾 身處時代的 世界大事	1833 年 諾貝爾 出世	1838 年 第一艘蒸汽船 橫渡大西洋	1840 年 發行第一 枚郵票	1844 年 成功發出第 一封電報	1879 年 發明了炭 絲電燈泡	1896 年 諾貝爾 逝世

圖：Spacey Ho

發明安全炸藥的
諾貝爾

　　諾貝爾家的後院有一個小棚，爸爸整天鑽在裏面做事。

　　今天，媽媽帶着小諾貝爾和他的兩個哥哥憂心忡忡地站在院子裏等着。一會兒後，爸爸從棚子裏出來大叫：「大家準備好！爆破馬上開始！」

　　小諾貝爾摀上了耳朵，卻又偷偷放開了一半，他想聽聽爆破的聲音是怎樣的。

　　「蓬！」響起了震耳欲聾的一聲，好似天崩地裂。小棚裏冒出滾滾黑煙，小諾貝爾嚇得躲到媽媽身後。

爸爸高興得跳了起來：「成功了！」

「這是什麼呀？」小諾貝爾問。

「爸爸在製造炸藥。」

「這麼可怕的東西，要來做什麼呀？」

「炸藥很有用的，修路、開礦時可以炸開大石頭呢。」爸爸喜歡發明創造，炸藥是他的一項新試驗。

小諾貝爾也想學着玩這神奇的東西，便偷偷拿了一小撮黑色火藥，放在一個小罐裏蓋好，接上一根硬紙條後便點火。

「砰」的一聲，罐子被炸裂了，但也驚動了家人。他挨了一頓罵，從此不許再進小棚了。

　　十七歲那年，父親把諾貝爾叫到面前，嚴肅地說：「你自小體弱多病，現在看來已經很健康了。你的學習不錯，又會好幾國語言，我想讓你出國去旅行一次。」

　　兒子喜不自禁：「好啊，去哪兒呢？」

　　「多跑幾個國家看看，然後去美國找我的好朋友約翰·愛利遜學習一段時間。記住，你的任務是好好學習，把各國的新科學技術帶回來。」

　　諾貝爾坐船去了德國、意大利、丹麥、法國，最後到了美國紐約。

　　約翰是一位著名的機械師和發明家，正
在進行蒸汽船的研究。他讓諾貝爾在實驗室和他一
起工作，並安排他到工場從底層做起。

　　諾貝爾白天幹得滿頭大汗、精疲力盡，但是晚上
又一頭扎進實驗室做試驗，或是在房裏看書。

　　兩年的旅行學習，使諾貝爾從各方面充實了自己，
開拓了眼界，堅定了從事科學研究來服務人類的決心。

回國後，諾貝爾和父親試着用黑色火藥加上硝化甘油，製造一種更強烈的炸藥。上大學的小弟趁暑假回家，也經常在實驗室當幫手。

　　那天，諾貝爾有事進城去，父親說：「今天就別做試驗了吧。」

　　小弟興致勃勃地說：「我去做吧，我已經跟着哥哥做過好幾次了。」

　　「那也好，有我的助手陪你，去吧。」諾貝爾說了這句使他一生後悔的話。

　　慘劇發生了：中午時分，正在用餐的父母聽到驚天動地的一聲巨響，實驗室被炸飛到半空，小弟和助手身亡，令諾貝爾一家悲痛萬分。

硝化甘油的巨大威力引起了一位富翁的注意，決定投資支持諾貝爾家族研發這項目，於是世界第一家硝化甘油公司成立了。

　　諾貝爾為了尋找廠址跑遍全城，但到處碰壁，最後不得不辦起了「水上工廠」。

　　市區外面的馬拉爾湖上出現了一幅奇景：好幾艘帶有蓬蓋的駁船橫向連在一起，停在湖中心。每艘船上的煙囪都冒着黑煙……

　　原來船上都安裝了機器，正在生產「諾貝爾專利爆炸油」。

小弟的死，以及硝化甘油在裝運過程中多次的爆炸事故，使諾貝爾認真考慮這化學品的安全問題，開始嘗試把這種液體轉化成固體。

　　諾貝爾在檢查硝化甘油的包裝時，偶然發現一瓶打破的硝化甘油被一種矽藻土質吸收了。他用矽藻土混合硝化甘油，製成固體炸藥 —— 黃色炸藥。它防震，方便搬運，被稱為劃時代的「諾貝爾安全炸藥」。

　　諾貝爾把黃色炸藥不斷改良，先後發明了可在水中使用的明膠炸藥及幾乎不冒煙的無煙炸藥。炸藥越來越安全和實用，造福人類。

　　晚年的諾貝爾仍孜孜不倦地從事科學研究，一生共有三百五十五項發明。他熱愛和平，厭惡戰爭，看到炸藥被用來製造武器後非常憂慮和痛心。

他逝世後，留下了一份不尋常的遺囑：把巨額財產作為基金，每年的利息分別頒給前一年中在物理、化學、生物醫學、文學、和平五個領域內對人類最有貢獻的人，鼓勵科學家作不懈努力，推動全世界文化和科學事業不斷發展，這是諾貝爾最偉大的業績。

諾貝爾金句

◆ 有錢不能使人幸福，幸福的源泉只有一個
  —— 使別人得到幸福。

◆ 人類從新發現中得到的好處，總要比壞處多。

◆ 太陽如果知道了整個銀河系有多大，肯定會
  因為自己的渺小而感到羞愧。

思考園地

1. 諾貝爾研製炸藥的本意是要用在開礦、築路等工程方面，但後來人們用以製造槍炮彈藥。作為炸藥的發明者，他能做些什麼呢？

2. 核能發電可以減少溫室氣體排放，紓緩全球暖化問題，可是一旦發生核洩漏，核輻射會導致人類的免疫系統受到嚴重傷害。你認為應該繼續使用核能發電嗎？為什麼？

居里夫人

拒絕申請專利，無償公開科研成果

　　瑪麗·斯克勞多夫斯卡·居里（Marie Curie，1867 年 – 1934 年），波蘭裔法國物理學家、化學家，首名獲得諾貝爾獎的女性（並曾兩次獲獎）。

　　瑪麗與法國學者皮埃爾·居里結婚後，兩人攜手研究放射性物質，發現了新元素釙和鐳，雙雙獲得諾貝爾物理學獎。丈夫意外去世後，她頑強地繼續分析研究鐳，獲頒諾貝爾化學獎。

　　瑪麗從不把科研成果作為獲得名利的工具，而是無償提供給科學界，並致力於把鐳使用於醫學。可是她本人因長期接觸放射性物質而身患多種疾病，六十七歲時去世。

| 居里夫人
身處時代的
世界大事 | 1867 年
居里夫人
出世 | 1869 年
現代的化學元
素周期表面世 | 1895 年
發現
X 射線 | 1918 年
波蘭自 1795 年被
瓜分以來恢復獨立 | 1933 年
希特拉擔任
德國總理 | 1934 年
居里夫人
逝世 |

首位獲得諾貝爾獎的女科學家

居里夫人

居里夫人原名瑪麗，十六歲便去做工，積夠了錢後，終於在二十四歲時達成願望，去巴黎上大學。

她在學校附近租了一間便宜的小閣樓住。這裏沒火爐沒水電，她要跑七層樓到下面去提水；冬天要穿上所有衣服睡覺來保持溫暖。她如飢似渴地拚命讀書，為了節省時間和用錢，一杯茶一個麵包就當一餐，時間一長，身體就很虛弱。

有一次，一個同學來向她借一本書，她站起來時眼前一黑，暈倒在地。

姊姊聞訊趕來時，瑪麗已清醒，又繼續學習了。

「瞧你瘦成這樣！今天吃飯了嗎？」姊姊心痛極了。

「吃了一把櫻桃……」

「這怎麼行呢！跟我去我家！」姊姊硬是把她拉到家中，為她煮了牛排和菜湯。精心調理了一個星期，瑪麗這才恢復了元氣，又回到了她的閣樓繼續奮鬥。

其後，她以優異的成績考取了物理學和數學的碩士學位，獲得了一筆獎學金，開始了研究工作。

不久，瑪麗認識了研究物理和化學的皮埃爾‧居里，他倆志同道合，結為夫婦，從此人們就稱瑪麗為居里夫人。

　　他們的住處只有一張牀、書櫃、桌子和兩把椅子。

　　居里說：「父母要送給我們一套家具。」

　　「不用那麼奢侈，這樣就可以了。」居里夫人調皮地說，「家具少，不用花很多時間打掃；椅子少，客人來了沒地方坐，很快就走了。」

　　「哈哈，你和我想法一樣呢！」

　　居里夫婦就是這樣生活儉樸，一心撲在科學研究上。

　　居里夫人發現有些礦石裏面可能有人們不知道的新元素，會自己放射出一種有很強穿透力的特殊射線。居里認為這項研究很有意義，便中斷了自己的晶體研究來幫助她。

　　他們在簡陋的木棚裏提煉、分析瀝青鈾礦石，經過無數次的測試後得出了結論：這些強大的放射性是隱藏在兩種不同的新化學元素中，他們已經肯定發現了其中的一種。

　　居里問夫人：「這個新元素叫什麼名字呢？」

　　居里夫人毫不遲疑地回答說：「就叫『釙』（PO）吧，紀念我親愛的祖國波蘭！」

夫婦倆繼續努力，又發現了放射性比釙強幾百倍的鐳，轟動了科學界。可是有很多人不信，居里夫人便決心要把具體的鐳拿出來！

　　提取純鐳的工作更為艱難：沒錢請工人，一切都要自己做。居里負責搬運礦渣，測量和分析；瘦弱的居里夫人手拿一人高的沉重鐵棒，不斷攪動大鐵鍋裏沸騰的礦石溶液，高温和有毒氣體熏得她頭昏腦脹。經過四年的不懈努力，他們終於從數以噸計的礦渣中提煉出十分之一克的鐳。

　　那是一個難忘的夜晚。夫婦倆在家吃了飯，不約而同都想再去實驗室看看今天的工作成果。

　　他們一開門，就被眼前的景象驚住了：黑暗的實驗室裏只見一片幽幽的藍光從桌上的實驗瓶中射出，把斗室照得如同童話裏的仙宮。

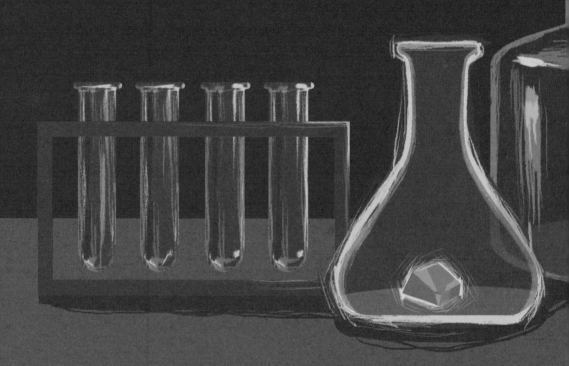

居里夫人驚呼：
「這是鐳，我們提煉出來的鐳！」

只有這種奇特光譜才能證明這新元素的存在！

夫婦倆高興得緊緊相擁，感到無比幸福！

　　鐳的發現震動全世界，夫婦倆一起獲頒了 1903 年的諾貝爾物理學獎。可惜不久後居里在車禍中死去，居里夫人強忍悲痛繼續進行放射性研究，分析出鐳的性質，1911 年獲得諾貝爾化學獎。

　　鐳是一種放射性極強的元素，自身發光發熱，射線能穿透密度極高的物質，所以有廣泛用途。特別是在醫療方面，它可以透視人體檢查病症，還能治療癌症。

　　有人勸居里夫人申請專利權，她拒絕了：不應該把鐳當作生產財富的資本，它屬於全世界的！

居里夫人把製造鐳的方法向世界公開，鐳開始為人類服務。

第一次世界大戰爆發後，她把諾貝爾獎金全部捐給法國政府，又設計了Ｘ光檢查車，製作了二十多輛開赴戰場，還培訓了一百五十名放射科護士。她親自駕駛着Ｘ光車在前線檢查傷兵，救死扶傷。

有一次，她的車翻倒在水溝裏，自己也受傷了。她讓護士簡單包紮後，若無其事地坐上另一輛Ｘ光車走了。

這位偉大女性為科學事業無私奉獻了一生，她的精神征服了全世界。

居里夫人金句

- ◆ 偉大的發現並非來自科學家的靈光一現，而是無數準備工作累積的成果。

- ◆ 科學研究需要對事物的高度注意力，尤其是自身的不懈努力。

- ◆ 科學家不應該把科學成果當作發財致富的資本，科學成果是應該屬於全世界的。

思考園地

1. 作為一名女性，居里夫人在學習、工作和研究方面比男子遇到更多困難，你想想這是為什麼？

2. 居里夫人一直過着窮困的生活，為什麼不申請發現鐳的專利，使自己致富呢？

愛迪生

屢敗屢試的發明大王，成就照亮世界

湯馬斯・阿爾瓦・愛迪生（Thomas Alva Edison，1847 年 – 1931 年），世界著名的美國發明家、科學家、企業家。

這位「發明大王」自學成才，自小對電和化學感興趣，做過報童、小販、電報員，並一直堅持做種種實驗。一生發明了兩千多項產品，其中的留聲機、電燈、有聲電影對世界影響極大。

他建立了一支發明團隊，在前人研究發明的基礎上不斷改良，製造出更完善的產品，並把經營企業所得利潤都用於不斷研發新項目。

他的信條是：科學發明應該用來造福人類，提高人們的生活質素。

| 愛迪生
身處時代的
世界大事 | 1847 年
愛迪生
出世 | 1861 年
美國爆發
南北戰爭 | 1867 年
美國自俄羅斯
購入阿拉斯加 | 1902 年
第一部由電力推
動的冷氣機面世 | 1929 年
全球經濟
大衰退 | 1931 年
愛迪生
逝世 |

圖：李亞娜

從失敗中學習的發明大王
愛迪生

　　愛迪生是個愛發問的學生。老師教大家：「一加一等於二，二加二等於四。」

　　他問老師：「為什麼一加一等於二，不等於四？」

　　老師氣得無話可說。

　　他不好好聽課，成績很差，卻常常問老師一些怪問題：風是從哪兒來的？天上怎麼會下雨，雨後怎麼會有彩虹？鳥有翅膀能飛，雞有翅膀怎麼不能飛？

　　三個月後老師實在受不了他，要他母親把他領回去，說：「他太笨，不適合在學校讀書。」

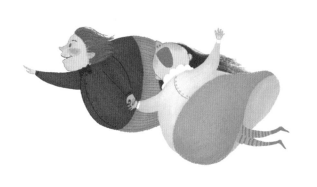

　　媽媽知道兒子只是想弄明白不懂的事，不是個笨孩子，便決定在家中自己教育他。

　　媽媽指導愛迪生閱讀大量圖書，當中有一本寫了很多化學和物理實驗，愛迪生很感興趣，便試着做書上的每一個實驗。

　　書上說到紙袋裏裝了氣體能飄起來，他便找來小伙伴麥克：

　　「你想飛上天看看嗎？」「想！」

　　「快把這包粉吃了，就能飛了。」他見過媽媽用發酵粉發麵。

　　麥克吞下粉，不僅沒飛起來，肚子卻痛得被送進了醫院。

　　十二歲的愛迪生到火車上當一名報童，賺點錢補貼家用。

　　他很有生意頭腦，不僅賣報，還販賣一些蔬菜水果，後來還辦了一份小報及時報道新聞，銷路很好。

　　火車車長看他聰明伶俐，很喜歡他，所以當愛迪生見有一節空置的車廂，要求給他當實驗室時，車長馬上同意了。

　　可是好景不長，有一次火車晃盪得屬害，一瓶黃磷跌破在地上，引起了一場小小火災，愛迪生以後不能再在火車上做實驗了。

有一天，愛迪生正在賣報，有列貨車停在站上卸貨。只聽得「噹啷」一聲，一節車廂脫了鈎，直向着在路軌上撿石子玩的小男孩衝去。

愛迪生急速跑上路軌，一把抱出孩子滾倒在地，脫鈎車廂剛好在身邊擦過。

這是站長的孩子。之後站長為了報答愛迪生，教給他收發電報的技術。這項技能改變了愛迪生的生活，後來他當了好幾年的發報員，並發明了定時發報機和雙重電報機。

愛迪生離家多年，在紐約建立了研究所。他為自己定下目標：十天有一項新發明。

　　親愛的媽媽過世了，愛迪生趕回去沒能見到最後一面，他非常悲痛。忽然想到：假如有一種機器可以把人的聲音留下來，那該多好！

　　他在試驗電話機時發現薄片會隨着說話的聲音相應震動，觸發了他的靈感：能不能通過震動，使薄片發出原先說話的聲音呢？

　　機器做出來了，工人們都圍過來觀看。

愛迪生轉動機器的轉盤，對着長管形的喇叭唱道：
「瑪麗有隻小綿羊，咿呀咿呀喲……」

　　唱完後他把轉盤轉回原處，放上一根磁針，然後轉動轉盤，他的歌聲清晰地播了出來。

　　人們起初不相信，後來有人也試了一次，效果一樣。大家笑着、跳着，爭着要試試對機器說話。

　　美國一家科學雜誌報道這件事的標題是：當代最偉大的發明——會說話的機器。從此人類文明又進入了一個新里程。

那時，人們普遍使用煤氣燈、煤油燈或蠟燭照明，價錢昂貴又不方便。愛迪生想造出一種能讓普羅大眾方便使用的燈光來。

他帶領團隊一次次進行試驗，用過一千六百多種物質，大到各種金屬，小到人們的毛髮鬍鬚，都不成功。

有人失望了，說：「已經試驗了一千多次，不會成功了。」

愛迪生說：「每次失敗中我們都學到了東西，知道這個方法不行，那就用另一種。失敗是成功之母呀！」

最終，愛迪生用棉紗烤成的炭絲製成了能亮四十五小時的燈泡。

1879 年的除夕晚，美國新澤西州一個公園裏所有的樹枝和建築物上都掛滿了燈泡，人們穿上盛裝來到這裏。

愛迪生一拉
電閘開關，公園
內所有燈泡同時
發出耀眼的光芒，照
亮了漆黑的夜空，猶
如天上明亮的繁星，
把人們帶進了光明的
童話世界。這是愛
迪生對世界最巨大
的貢獻。

愛迪生金句

◆ 天才，就是百分之九十的汗水，再加上百分之一的靈感。

◆ 要成功，首先必須訂立目標，集中精神向目標邁進。

◆ 我的發明沒有一次是偶然的，一切發明都是深思熟慮、嚴格試驗的結果。

思考園地

1. 為什麼人們稱愛迪生是「發明大王」、「偉大的發明家」，他對人類有些什麼貢獻？

2. 一個被老師認為是「低能兒」的孩子，怎麼會成為全世界家喻戶曉的發明大王？他的智慧是怎麼來的？

牛頓

全心投入科研，真理未明不罷休

　　艾薩克·牛頓（Isaac Newton，1642 年－1727 年），偉大的英國數學家、物理學家、天文學家。他發現了萬有引力，發明了微積分，製造了第一台反射式望遠鏡，「牛頓三大運動定律」奠定了古典力學的基礎。

　　牛頓小時父親離世、母親改嫁，養成孤僻性格。但他愛與大自然為伴，善於思考、勤於觀察，並經常動手製作一些小發明。進入劍橋大學後，在恩師巴羅教授的指導和鼓勵下進行科學研究，在數學、力學、光學取得驚人的成績，並有多本科學巨著問世。為紀念這位近代科學之父，8,000 號小行星被命名為牛頓小行星。

牛頓
身處時代的
世界大事

1642 年
牛頓出世

1655 年
出現表示無窮大
的符號「∞」

1659 年
發現土星
光環

1675 年
英國創建格林威
治皇家天文台

1721 年
英國史上出現
第一位首相

1727 年
牛頓逝世

發現萬有引力的
牛頓

圖：Sheung Won

牛頓的父親早逝，而母親則在幾年後改嫁了。孤獨的牛頓常常坐在田野裏觀察大自然，見到新奇的東西總想一探究竟：風車怎麼會轉動的？風箏怎麼會飛上天？流動的河水流向哪裏呢？

有一天，外婆見他躲在房裏沒出來，便進房問他：「你在做什麼呀？」

只見他房裏放了一大堆風箏的骨架，有方形的、三角形的、圓形的……

「我在做風箏，試試哪一種形狀的風箏飛得最高最久。」牛頓說。

他果真做出了好幾隻不同形狀的風箏逐一試飛，其中一隻還有一盞小小的玻璃燈繫在風箏的尾巴上，到了沒有月亮的夜晚，牛頓在研究了風力和風向之後，就點了火放到空中。

　　「哈哈，飛起來了，能發亮光的風箏！」牛頓興奮極了。

　　可是他的創舉卻使村民們惶恐不安。他們看見漆黑天空中出現了一個紅亮點，紛紛議論：「不好了，彗星來了，不吉利啊！」「看來村裏要有災難了，大家當心呀！」

　　小牛頓當然挨了一頓罵。

心靈手巧的牛頓還有很多小發明：

看到人們用大風車磨麵粉，他仿製了一個小風車，捉了一隻老鼠放進去，好動的老鼠踩動了鐵絲，牽帶了風車的葉片和磨石轉動，居然能把一些小麥磨成粉！

看到人們的身影會隨着不同時間的陽光變長變短、變大變小，他就找來一塊圓石，標上刻度，裝上小棒，把它放在陽光下就能大致指出時間。

他還製造了可行走的四輪車、更準確測量時間的水漏……次次令人驚歎。

舅舅發現了他的科學才能，送他去讀中學，後來進入劍橋大學。

　　回家度假的一天，牛頓坐在一棵蘋果樹下看書，忽然，一個蘋果從樹上垂直掉下，跌在地上。

　　頓時，牛頓腦中閃出一連串的疑問：蘋果為什麼不會斜着落下？為什麼不往上飛？是不是地球有股引力拉着它，如同地球拉着月球圍繞着自己轉圈？

　　由此，牛頓發現了不論在天上或是地上，物體之間都具有引力，這個萬有引力定律和數學公式已成為物理學的基礎。同時，他也發現了宇宙間行星運行的規律。

　　牛頓對光產生了很大興趣：光由哪些物質組成？是不是像大科學家所說那樣光是白色的？他要自己來試驗一下。

　　他把一個三稜鏡放在窗戶後面，窗上遮了布，只留一個小孔來透光。奇跡出現了：一束陽光從小孔射進三稜鏡，折射到鏡後的牆壁上，竟然出現了紅、橙、黃、綠、藍、靛、紫的七色光帶！

　　他又把這七色光帶投射到一面雙凸透鏡上，結果七種顏色的光聚成一道白光，說明了太陽的白光是由七種顏色混合而成的。牛頓是第一個解開彩虹顏色秘密的人。

牛頓還研究出：被陽光照到的物體只吸收自己能接受的顏色，把不能接受的顏色反射出來，就成了人們見到的物體的顏色。這是光學中的一個新理論。

　　在此基礎上，他製造了能把物體放大四十倍的反射式望遠鏡。

　　牛頓曾經長時間凝望太陽，被人以為他是個傻子，原來他是為了研究陽光直射眼球後留在視網膜上的顏色影像。強烈的陽光差一點傷了他的雙眼。為了科學實驗，他往往甘願去做這些傻事，為追求真理去冒險。

　　牛頓做科學試驗常常到了忘我的地步，往往鬧出很多笑話來。

　　有一次，他請一位朋友來家吃飯。朋友到達時，他正在做實驗。朋友等得不耐煩了，肚子也餓了，就吃了桌上的烤雞，不告而辭。待牛頓想起這件事走出實驗室，看見餐桌上的一盤雞骨，他拍拍腦袋恍然大悟：「喔，原來我已經請朋友吃過飯了！」

　　還有一次，牛頓打算做午餐。他把鍋裏的水煮沸後，隨手把桌上的蛋放進去。過了一會兒牛頓掀開鍋蓋，鍋裏哪有雞蛋？只見自己的手錶在受煎熬！

牛頓就是這樣，一心撲在科學實驗上時全神貫注，集中全部精力去研究，常常徹夜不眠，不解決問題不甘休。他說：如果我有一點成就的話，那只是由於勤奮和耐心的思考。

　　他雖然在力學、數學、光學、天文學等多門科學領域內取得輝煌成就，但他一直謙遜地說：那是因為我站在了巨人的肩膀上。

◆ 我不過就像是一個在海濱玩耍的孩子，為不時發現一塊比尋常更光滑的石頭或一個比尋常更美麗的貝殼而沾沾自喜；而對於展現在我面前浩瀚真理的大海，卻全然沒有發現。

◆ 勝利者往往是從堅持最後五分鐘的時間中取得成功。

◆ 人一旦確立了自己的目標，為之奮鬥的決心就不應該動搖。

思考園地

1. 偉大的科學家牛頓自小就表現出於眾不同的特點，你能說出那是什麼嗎？

2. 為什麼牛頓在生活上往往鬧出很多笑話，像煮手錶這樣的傻事。這說明了什麼？

愛因斯坦

不因取得成就而自滿，繼續尋求突破

··

阿爾伯特・愛因斯坦（Albert Einstein，1879年－1955年），猶太裔理論物理學家，原籍德國，後因猶太人身分受到迫害，移居美國成為美國公民。他創立了狹義和廣義相對論，奠定了現代物理學的基礎，是二十世紀偉大的天才科學家。

愛因斯坦從小對數學和物理特別感興趣。在瑞士蘇黎世聯邦理工學院畢業後曾在專利局工作，業餘從事科學研究，二十六歲就發表了數篇論文，建立了相對論，否定了絕對時空和絕對運動的傳統觀念，轟動世界。1921年獲頒諾貝爾物理學獎，表彰他發現光電效應的原理。

$E = mc^2$

| 愛因斯坦
身處時代的
世界大事 | 1879年
愛因斯坦
出世 | 1897年
發現比原子細小
1,000倍的電子 | 1938年
德國發生大規模
迫害猶太人事件 | 1945年
美國用原子
彈轟炸日本 | 1949年
德國分裂為
東德和西德 | 1955年
愛因斯坦
逝世 |

創立相對論的
愛因斯坦

圖：Spacey Ho

小愛因斯坦性格孤僻，動作遲鈍，三歲才開始結結巴巴地說話，被認為是個笨孩子。

據說有一次，勞作課老師要學生試做一件小木工。第二天同學們都交了一件件小玩意兒，愛因斯坦卻交了一個粗糙的小板凳。老師生氣地說：「有誰見過比這更難看的板凳嗎？」

　　愛因斯坦回答：「有！」他從自己書桌下又取出兩個小板凳來說：「這是我前兩次做的，第三次做的稍微好一些。」

　　他不喜歡學校呆板的教學方法，老師只要求學生死記硬背；他自己買來很多科學書籍，看得津津有味，引發了他的思考和想像。

　　在中學時，有一次老師在講解光的原理，同學們都聚精會神在聽，但是愛因斯坦卻眼望窗外走神了。老師大聲問他：「愛因斯坦，你不好好聽課，在想什麼？」

　　他站起來認真回答：「我在想，假如我用光的速度飛向宇宙，不知道會怎麼樣？」老師氣得大罵他胡思亂想。

　　這個孩子不笨。四年的大學學習他掌握了豐富的知識，特別醉心物理實驗。「以光速飛向宇宙會怎樣？」這個問題一直激勵着他去研究。

　　二十六歲的愛因斯坦創立了轟動世界的「相對論」。他認為：時間流逝的快慢和空間距離的大小，與物體運動密切有關。物體高速運動時，時間會變慢，距離會縮短。假如兩個雙胞胎兄弟，一個乘太空船旅行，一個留在地球，若干年之後，太空旅行回來的那一位會比留在地球上的年輕很多。就像中國神話描述的那樣：天上一日，人間百年。

愛因斯坦被聘為大學教授。他為人簡樸隨和，說話幽默風趣，講課很受歡迎。出名後到處都邀請他去演講，他總是穿一件普通的襯衫，沒有吊帶的寬鬆長褲，一頭濃密蓬鬆的短髮，但一雙棕色眼睛炯炯有神。他好幾次都被阻攔在演講廳門口，守衞怎麼也想不到這個貌似流浪漢的人竟是主講嘉賓！

愛因斯坦自幼學拉小提琴，之後琴不離身，工作疲勞時拉一曲放鬆心情。有一次演講之後，他演奏了莫札特的奏鳴曲來感謝聽眾的熱情歡迎。

　　1916 年愛因斯坦發表了三個檢驗廣義相對論的實驗，其中一個預言說：太陽的重力扭曲了空間，令光線發生彎曲，偏折角是 1.74 角秒。這在當時被認為是不可思議的事，很多人都不相信。

　　愛因斯坦向世界宣告：「假如有人懷疑我的這個預言，唯一的證實辦法就是在日食的時候去觀測天象，就會發現太陽周圍的星體的光線不是直線，而是彎曲的。」

　　最近的一次日全食是在 1919 年 5 月 29 日在非洲和南美洲可見到。

　　英國皇家天文學會組成了兩支考察隊，攜帶着精密儀器出發到巴西和非洲去觀測。

　　29日當天，日食開始了。在六分鐘的日食過程中，兩支考察隊拍了多張照片，而在日食將完結時，雲層向四面散開，太陽附近的星體清晰地閃爍着，這是非洲那支考察隊拍攝的最珍貴的一張。

　　隊長連忙把一張日食前的星空照片和這張照片重疊在一起，放在照明板上觀察，果然，日食照片上星體的光線彎曲了！

　　同年 11 月，皇家天文學會召開報告會，出席者擠得水洩不通。主席鄭重宣布了這次觀測的結果：正如愛因斯坦預言的那樣，星體的光線在接近太陽時彎曲了，令星體的位置看起來與它實際的位置有偏差，而位移的角度基本上與他預測的 1.74 角秒一致！

　　「相對論是人類思想史上最偉大的功績之一。自從牛頓之後，這是有關重力的最偉大發現。」主席說。

　　愛因斯坦沒出席大會，觀測的結果是他意料中的。他在繼續思考和研究。

愛因斯坦反對戰爭，主張和平。德國納粹勢力迫害猶太人，愛因斯坦為救濟猶太人著文演講、籌募捐款。第二次世界大戰前，他預計德國會利用相對論的原理發展原子武器，便寫信給美國總統，建議儘快製造原子彈來阻嚇德國，保衛世界和平。結果是美國製造的原子彈投在了日本，雖然促使了大戰的結束，但幾十萬日本居民成了戰爭的犧牲品。

愛因斯坦十分痛心。他嘔心瀝血的科學成果本來是為了造福人類，但卻帶來了災難。給美國總統寫信可能是他一生最後悔的事了。

愛因斯坦金句

◆ 用一個大圓圈代表所學到的知識，圓圈之外是那麼多的空白，對我來說就意味着無知。由此可見，我感到不懂的地方還大得很呢。

◆ 成功 ＝ 艱苦的勞動 ＋ 正確的方法 ＋ 少談空話

◆ 一個從不犯錯的人是因為他不曾嘗試新鮮事物。

思考園地

1. 愛因斯坦在學校不是一名天才兒童，甚至被老師認為是個笨孩子，你認為他的科學成就是怎麼得來的呢？

2. 如果你是愛因斯坦，當知道有人可能會利用自己的研究去製造大殺傷力的武器，你會怎樣做？

莫札特

掙脫束縛，爭取展示音樂才能的機會

◆ ·············· ◆

　　沃夫岡·阿瑪迪斯·莫札特（Wolfgang Amadeus Mozart，1756 年－ 1791 年），奧地利作曲家、演奏家。

　　自幼具有音樂天賦，且受家庭薰陶，對音樂有特別敏銳的感受力。他天性活潑樂觀，作品充滿激情，演奏技巧超人，以天才神童揚名西歐各國。

　　成年後他身受教會陋規束縛，得不到自由發展，毅然脫離教會去維也納。雖未能覓到理想職位，但他創作不斷，其中歌劇《費加羅的婚禮》、《唐·喬凡尼》、《魔笛》三部為不朽之作。可惜這位偉大的古典主義作曲家貧病交加，不到三十六歲就英年早逝，為世界留下了六百多部名曲。

| 莫札特
身處時代的
世界大事 | 1756 年
莫札特
出世 | 1762 年
盧梭的《民約論》成為
現代民主制度的基石 | 1772 年
奧地利與兩大
強國瓜分波蘭 | 1776 年
發表《美國獨
立宣言》 | 1789 年
法國大革命 | 1791 年
莫札特
逝世 |

圖：Sheung Wong

堅持對音樂的追求
莫札特

莫札特的父親是宮廷樂師，很重視培養一對子女的音樂能力。七歲的姊姊由父親教授學彈鋼琴，每天叮叮咚咚練習；兩歲的莫札特坐在地板上玩積木，不時跟着音樂旋律哼唱，有時還走到鋼琴邊看姊姊彈奏，聽得入迷。

有一次姊姊練完琴走開了，他用兩根手指在琴鍵上按下了一個三度和音，接着又找了另一個和音，都是姊姊剛才練習過的很難彈出的和音。

父親欣喜若狂，大叫：「你能找到和音，不簡單啊，我的兒子！」

　　莫札特四歲時，父親就教他彈琴。無論什麼旋律，他聽一遍就記住了。

　　有一天，父親和朋友回到家時，只見小莫札特趴在桌上寫東西。

　　「你在幹什麼呀？」父親跑過去看。

　　「我在寫協奏曲，快寫完了，我彈給你聽。」莫札特抓着塗得亂七八糟的五線譜紙，坐在鋼琴邊彈了起來。

　　父親和他朋友驚得目瞪口呆：曲子寫得雖幼稚，但確是一首協奏曲呀！他發現了一個五歲的音樂天才！

父親決定帶十一歲和六歲的姊弟倆去歐洲作旅行演出。他們先到了慕尼黑。

聽說是兩個音樂神童的演出，許多王公貴族都邀請他們去官邸演奏。姊姊彈琴，弟弟能即興彈琴、唱歌和拉小提琴，他們那嫻熟高超的技巧和活潑可愛的神態獲得了大家的歡心，也使父親獲得了豐厚的報酬。

回家後，父親安排了莫札特學習音樂理論，使他的作曲能力有了扎實的基礎。

幾個月後，全家又去維也納、巴黎、倫敦旅行，並獲邀去宮裏演出。

莫札特的創作慾望越來越強，八歲寫出了第一部交響曲。一位學者懷疑莫札特的年齡，派人去他家鄉調查，又親自對他進行音樂測驗，莫札特都能應對自如。

有一次，莫札特正在學者面前彈奏，一隻小貓進了房，喜愛小動物的莫札特立刻離開了琴，跑過去和小貓玩耍，不理會大人的叫喚。

學者歎道：「唉，是個真正的孩子！」

　　莫札特長大後，成功的道路不那麼順利了。

　　宮廷大主教只安排莫札特一個地位低微的樂師指揮的職務，但空有其名，做不了什麼事。莫札特受不了這個待遇，毅然辭職，由母親陪同出外謀生。

　　莫札特到處奔波找工作，卻難以維持母子倆的生活。他們租住小閣樓，經常捱餓。不到一年，母親終因勞累過度病逝了，莫札特痛苦萬分。

莫札特不識人情世故，不懂拍馬奉承，令求職困難重重。但同時他創作了大量非常出色的音樂作品，包括四首很成熟的奏鳴曲，也開始寫歌劇。

莫札特結婚了，他更加努力作曲賺錢養家。六個孩子相繼出世，卻因貧病夭折了四個。夫妻倆常常借債度日。

一個冬天夜晚，朋友們去他的家，見到夫妻相擁着瘋狂地跳舞，原來他們買不起木炭來點燃火爐，冷得受不了時就只能這樣跳舞取暖。

艱苦的生活、繁重的創作使莫札特的健康越來越差，但他仍堅持對音樂的追求，三個月內完成了三部輝煌的交響曲，傾注了他對生活的熱愛，並表現了他爐火純青的作曲技巧。

　　1791 年，莫札特完成了最後一部歌劇《魔笛》，講述埃及王子用一支金色的魔笛，從邪惡的夜女王手中救出公主的神話故事。這部用德文唱的歌劇使德國歌劇走上世界舞台，引起轟動，在維也納連續上演了一百多場。

那年夏天，一個穿黑衣的神秘人給莫札特送來一封信，一言不發轉頭就走。莫札特打了一個寒噤，心頭產生了恐懼感。

　　信中說，希望他寫一首《安魂曲》，酬金豐厚，但不要追究委託人是誰。

　　雖然莫札特抱病在牀，但他還是動筆作曲。他隱約覺得這是死神對他的召喚，自己已經走到生命的盡頭了。

　　他把全部心血和精力、全部思想和技巧都融入這部作品，但是只完成了一部分。他以歡樂的心情迎接了死神的來到。

　　莫札特逝世時年僅三十五歲，但已為世界留下了無比珍貴的音樂財富。

◆ 你們都看到了我的天分，但看不到我的勤懇。

◆ 把歡樂注入音樂，為的是讓世界感到歡樂。

◆ 世上最可貴的是時間，世上最奢靡的是揮霍時光。

思考園地

1. 這麼有才能的音樂家怎麼在三十多歲時就英年早逝，想想是什麼原因造成的？

2. 你覺得莫札特脫離了創作空間被限制但相對穩定的教會工作，轉去自由發展的做法對不對？

喬布斯

勇於創新，開創智能新世代

史提夫·喬布斯（Steve Jobs，1955 年－2011 年），傑出的美國企業家、發明家，蘋果電腦的創辦人。

他自小對電子機械特別感興趣，在大學讀了半年就退學，與友人共組公司開發蘋果電腦，使個人電腦大眾化。一度因經營不善被迫離開公司，之後創立 NeXT 公司，成立彼思（Pixar）製作電腦動畫。其後回到蘋果公司擔任行政總裁，並與微軟公司合作。

喬布斯推出 iPod、iPhone、iPad 等創新電子產品，改變了現代人的生活方式。他的一生曾受到不少挫折——被親生父母拋棄、事業失敗、壯年患癌，但他一次次頂住打擊戰勝逆境，不斷創造奇跡。

喬布斯
身處時代的
世界大事

1955 年	1969 年	1973 年	2007 年	2008 年	2011 年
喬布斯出世	人類初次登陸月球	第一部手機面世	iPhone面世	Android 智能手機面世	喬布斯逝世

蘋果之父
喬布斯

　　喬布斯的養父做過機械師，心靈手巧，會拆裝機器。小喬布斯常常在車庫裏看父親工作，對機械也產生了興趣。父親便在工作台上劃出一塊空間，放下一套工具，讓喬布斯跟他一起工作。

　　父親告訴他：「製造一件東西時，每個部件都要做好，然後仔細組合在一起，不能馬虎。」

　　喬布斯從父親那裏不僅學到了很多機械知識，也培養了對工藝一絲不苟的精神。

　　上學後，喬布斯覺得課程很悶，便常常搞惡作劇戲弄老師和同學，還不交功課，是個頑皮的孩子。四年級時，一位好老師改變了他的人生。

　　老師觀察到他很聰明，便想方設法發揮他的潛力。一天，她拿着作業本對喬布斯說：「假如你能把這些很難的數學題做完，百分之八十做對，我就獎給你棒棒糖和五元錢。」

　　「真的？」喬布斯很喜歡這個挑戰。兩天內他就做完了。老師點燃了他的學習熱情和解決難題的興趣，後來他用功讀書，跳了一級升上了六年級。

少年喬布斯認識了一位電腦高手沃茲尼克。

有一天，沃茲尼克讀到一篇文章，說有人製造了一種盒式的電子裝置，可以瞞過電話公司，免費撥打長途電話。

他倆經過多次試驗，終於研製成可以偷打長途電話的「藍盒子」。具有商業頭腦的喬布斯用每部四十元的成本製作了一批「藍盒子」，再以每部一百五十元賣出，與沃茲尼克一起賺了第一筆錢。但他們很快就放棄了這不合法的買賣。

喬布斯進了
大學。他發現大
學課程對他沒什
麼幫助，半年後
就退學了。他認
為這是他一生作
出的最正確的決定。

　　這時喬布斯對東方宗教
哲學產生了濃厚的興趣，甚至
打工籌錢去印度朝聖。他說：「這
是一次嚴肅的心靈探索，我想弄清
楚我是個怎樣的人，應該怎樣融入這
個世界。」

　　喬布斯剃光了頭髮，腰間圍條舊布，赤腳
行走在印度各地。沒找到什麼聖人能解決他的問題，
但是通過深入的思考他領悟到不能靠神秘力量，而是
要自己努力。他立志要發明一些東西來使人們生活得
更好。

　　電腦工業正在不斷摸索向前發展。美國出現了一種裝在金屬盒子裏的電腦，體積大大縮小了，但是沒有熒幕和鍵盤。沃茲尼克花了幾個月時間設計了十分精密的電路板，只要在鍵盤上按下鍵鈕，字母就立即顯示在熒幕上，創造了電腦史上的奇蹟！

　　喬布斯馬上有了主意：「我們可以成立一家公司，製作這樣的電路板賣出去，一定大受歡迎！」

　　喬布斯開始規劃成立一家公司。

公司要有資金。喬布斯賣掉了自己的汽車，沃茲尼克賣掉了他心愛的計算機。

　　公司要有名字。喬布斯從蘋果園裏做工回來，靈機一動：「就叫『蘋果』，是一個有趣的反潮流的名字！」

　　公司要有商標。喬布斯最初用了牛頓坐在蘋果樹下看書的圖畫，後來改為被咬了一口的蘋果。二十六歲的沃茲尼克和二十一歲的喬布斯，在喬布斯父親的車庫裏成立了日後震撼世界的蘋果電腦公司。

　　蘋果電腦公司接到訂購五十部電腦的訂單了，工
廠就設在喬布斯家，全家出動為此忙碌。終於，蘋果
一號誕生了！

　　它的銷路很好，喬布斯便有了新構思：製造一部
熒幕、鍵盤、外殼齊備的個人電腦，方便使用。這款
蘋果二號在三年內銷售額超過一億美元，公司上市，
二十五歲的喬布斯成了億萬富翁。

　　但是成功的道路不是一帆風順的，喬布斯遇到了
不少挫折。

　　蘋果三號生產失敗，喬布斯被迫辭職，離開了他一手創立的公司。但他很快走出低谷，開始電腦動畫製作的事業，有過失敗，最終成功，還被請回蘋果公司。自從喬布斯離開蘋果公司後，公司業績每況愈下，但喬布斯的歸來，用了一年多的時間就轉虧為盈，挽救了公司。

　　之後，喬布斯帶領團隊不斷研發新電子產品，把笨重的電腦變為手掌般大的智能手機，集通訊、通話、音樂、攝影等功能於一身。喬布斯堅毅不屈、勇於創新，終於達到了為人類造福的理想。

◆ 從來沒有哪個成功的人沒有失敗過或沒犯過錯誤。

◆ 帶着責任感生活，嘗試為這個世界做一些有意義的事。

◆ 有想像力的地方，就有成功。

◆ 聽從自己內心的聲音，做自己想做的事。

思考園地

1. 喬布斯的電子產品設計改變了現代人的生活，他的創作意念是怎樣來的？

2. 喬布斯在事業上遭到多次重大的打擊，但他一次次都能從挫折中奮起，不斷取得成功，你認為主要原因是什麼？

畢加索

集各家所長，開創立體畫風新潮流

　　巴布羅‧畢加索（Pablo Picasso，1881 年－1973 年），西班牙著名藝術家，立體主義畫風的創始人，二十世紀極具影響力的現代派畫家。

　　十六歲時以一幅《科學與仁慈》獲得省美術展覽會金獎，之後去巴黎闖天下，吸取了各家各派的技巧，並墮入愛河，由心情憂鬱的「藍色時期」過渡到開朗的「粉紅色時期」，以一幅《亞維農少女》開創了立體主義，是畫界反傳統的一次革命。

　　畢加索採納各家所長卻保持自己粗獷剛勁、自由不羈的個性。他一直工作到九十二歲離世，作品有三萬多件，是一位真正的藝術天才。

畢加索
身處時代的
世界大事

1881 年	1914 年	1936 年	1937 年	1955 年	1973 年
畢加索出世	西班牙在第一次世界大戰中宣布中立	西班牙內戰	西班牙格爾尼卡遭轟炸	西班牙加入聯合國	畢加索逝世

圖：李成宇

掀起藝術革命的天才畫家
畢加索

　　1949 年 4 月，在巴黎舉行了第一次世界保衛和平大會，來自七十二個國家的二千多名代表在會上表達了世界人民反對侵略戰爭、要求禁止核武器等和平願望。

　　大會會場上掛着一幅大海報，上面畫的白鴿是那麼的聖潔、可愛。出席者紛紛讚歎這幅畫，它的設計者是誰呢？

　　設計者是大名鼎鼎的西班牙畫家、和平主義者巴布羅・畢加索。其後，畢加索簡化了白鴿的線條，加上口銜綠色的橄欖枝，象徵和平的白鴿自此便飛遍全世界。

畢加索畫出這隻白鴿不是偶然的。

畢加索的父親荷西是一位寫實主義畫家。他們家對面的廣場上常常聚集着很多鴿子，荷西每天坐在門口畫鴿子，小畢加索就站在一旁看父親畫，父親畫得那麼逼真，有一次畢加索忍不住用手去摸畫布上的白鴿，說：「爸爸，鴿子飛過來了！」

畢加索因此愛上了白鴿，常常以鴿子作寫生練習。

幼年的畢加索很早就顯示出對繪畫的興趣和才能。

還不會說話和走路的畢加索嘴裏常常發出「比斯、比斯」的聲音，原來在西班牙語裏這是近似「筆」的讀音，他要家人給他一枝筆！他拿了筆就在紙上亂塗亂畫一些線條和幾何圖形。

有一次，他哭着鬧着拉着他的姨媽不放，姨媽不明白他咿咿呀呀在說什麼，後來他抓起父親用的一枝筆，在一張白紙上畫了一個螺旋形圖案，姨媽這才明白原來他是想吃這種樣子的甜餅！

　　荷西愛看鬥牛，那是西班牙的一種傳統運動和娛樂。他常常帶畢加索去看。鬥牛場上的激昂緊張氣氛、公牛的兇猛、鬥牛士的英勇……都給畢加索留下難忘的深刻印象。

　　他根據鬥牛場上的情景創作了自己的第一幅油畫《馬背上的鬥牛士》，他把鬥牛士和觀眾、公牛都畫得細緻生動，構圖也巧妙，並選擇了恰當的啡色和紅色為主調。人們都不相信這幅技巧嫻熟的畫竟出自一個八歲小孩之手！

　　畢加索的腦中經常有很多天馬行空的想法，所以上學時心不在焉，成績很差，被老師認為是「笨蛋中的笨蛋」。

　　荷西了解兒子有繪畫才能，所以送他到美術學校去學習繪畫的基本功，發展他的特長。但是一般學校的刻板教學法不能滿足畢加索，他渴望到更廣闊的天地去學習和創作，他要去巴黎。

　　荷西不同意：「你連一張文憑也沒有，去那裏能做什麼？」

　　「我會畫畫，一定可以在巴黎立住腳的。」倔強的畢加索對自己信心十足，父親雖然生氣，也只好讓步。

畢加索到了巴黎，如魚得水。他參觀了很多美術館和博物館，不同流派和各種畫風技巧使他大開眼界，他吸收大師所長，創意大發，全心投入對繪畫藝術的探索，漸漸形成了自己的風格。

1907 年，畢加索用四個多月時間創作了一幅驚動畫界的《亞維農少女》，用幾何圖形畫出人體的立體效果。

很多人不理解這幅畫，但是有眼光的藝術家們斷定：這幅風格奇特的畫開創了一場藝術革命。

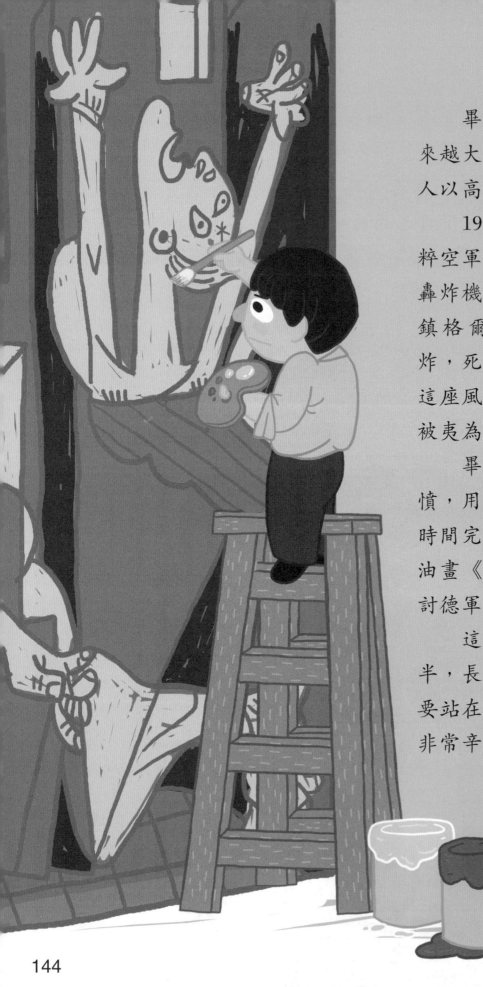

畢加索的名氣越來越大，他的畫都被人以高價收藏。

1937年，德國納粹空軍出動四十三架轟炸機，向西班牙小鎮格爾尼卡狂轟濫炸，死傷兩千多人，這座風光如畫的小鎮被夷為平地。

畢加索萬分悲憤，用了一個多月的時間完成了一幅巨型油畫《格爾尼卡》聲討德軍暴行。

這幅畫高三米半，長八米，畢加索要站在扶梯上作畫，非常辛苦。

畫中沒有飛機和炸彈，人們只見到握着斷刀的手臂、抱着死嬰仰天哭叫的母親、跌斷腿的戰馬……觸目驚心的圖像把戰爭造成的死亡和恐怖表現得淋漓盡致，是對敵人暴行的無聲控訴。一個德國軍官來檢查畢加索住處，見到正在繪製的巨畫，問道：「這是你的傑作嗎？」

　　畢加索冷冷地回答說：「不，是你們的傑作。」

　　畢加索就是這樣一名富有正義感的愛國畫家。

◆ 一件讓人無動於衷的東西，絕對不是藝術品，它一定要使人有感覺、有反應，要喚醒觀看者的心。

◆ 兒童繪畫是創意的直接表現，成人作畫往往是感受的呈現。

◆ 我用一生的時間，去學習像小孩子那樣畫畫。

思考園地

1. 從畢加索的成功故事中可看到他的父親在他成長過程中起了什麼樣的作用？

2. 畢加索透過藝術創作向世界表達了自己的想法，如果讓你創作一件送給世界人民的藝術作品，你會創作什麼，又會表達什麼信息呢？

高第

跳出框框，把大自然元素融入建築設計

安東尼·高第·科爾內特（Antoni Gaudí，1852 年－1926 年），西班牙前衞建築師。生於西班牙巴塞隆拿一名鐵匠家，畢業於建築學院，之後一直在當地從事建築事業。

他的建築風格有強烈的個人色彩 —— 構思新穎、形狀奇特、色彩鮮明，捨棄傳統的建築方式和建材，從大自然中吸取靈感，多用流動的線條和幾何圖形，以致他的作品一開始都被人認為是怪物，到完成後才顯示出巨大的藝術魅力。

他有七座民宅、公園、教堂等列入為聯合國世界文化遺產，其中華麗的聖家堂已建造了一百三十多年，是高第的嘔心瀝血之作。

高第 身處時代的 世界大事	1852 年 高第出世	1875 年 法國巴黎歌 劇院落成	1889 年 法國艾菲爾 鐵塔落成	1898 年 美國從西班牙手上 奪取古巴等殖民地	1914 年 巴拿馬運 河完工	1926 年 高第逝世

上帝的建築師
高第

　　高第小時體弱多病，還有風濕症，行動不便，不能和小伙伴一起玩耍。他常常被一頭驢子馱着來到小河邊，坐在樹下欣賞風景，靜思默想。

　　家鄉美麗的山山水水激發了他的無限想像，高低起伏的山脈、清澈小溪的泊泊流水聲、奇形怪狀的小石子都是他所愛，也培養了他敏銳的觀察力。高第後來說：這裏展現着生命中美好和真實的一面，讓我回歸到現實，幫我理清思緒。

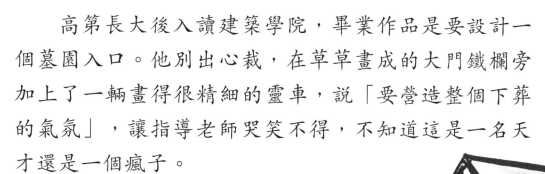

　　高第長大後入讀建築學院，畢業作品是要設計一個墓園入口。他別出心裁，在草草畫成的大門鐵欄旁加上了一輛畫得很精細的靈車，説「要營造整個下葬的氣氛」，讓指導老師哭笑不得，不知道這是一名天才還是一個瘋子。

　　畢業後，高第開設了自己的建築事務所。有一次，他為一家手套商店設計的櫥窗在巴黎世界博覽會上展出，吸引了一位富商桂爾的注意。

　　桂爾和高第一見如故，談得很投契，成了一生的好朋友。

　　桂爾在財力上和精神上支持高第，使他放手去實
踐自己的理想，為桂爾完成了幾所鬼斧神工的傑作。

　　其中的米拉之家是高第自己最滿意的民宅建築。
他從山丘和海浪中得到靈感，用石材建成波浪形的外
牆；內部間隔不用牆，而是用各種形狀的柱子；彎彎
曲曲的房間裏幾乎放不下桂爾女兒的三角鋼琴，有人
開玩笑說要讓女孩改學拉小提琴。剛見外形時，人們
取笑它是「山洞」、「蜂窩」、「採石場」。

　　米拉之家還有不少創新點：中庭用柱子來支撐重量，設計成生機盎然的森林，讓人們有置身大自然的感覺；每個房間的露台用鐵鑄成海藻的花紋作裝飾，並有室內停車場和電梯。

　　最精彩的是屋頂上童話式的煙囱羣：高低不平的屋頂上有三十多個不同材料製成的形狀各異的大煙囱，有的像戴頭盔的武士，有的像大蘑菇，有的像外星人，還有的只是螺絲狀的一根石柱……

高第的建築設計大膽創新，很多時候惹來誤解。在建造巴特羅之家時就有過謠言⋯⋯

　　有人說圓弧形的巴特羅之家站不穩，有人說地基沒打好，這座將完工的住宅就要倒塌了！

　　高第很生氣。其實他只是在樑和檁之間加了一些斜形支撐杆來保證構件的平穩性，卻惹出了這些謠言。他說：一百年以後，你們看到它跟今天一樣站在那裏，就好好笑一笑吧！

高第的驚世之作是尚未完工的聖家堂。

按照高第的設計方案，它高一百七十米，有十八座高塔，能容納一萬四千人。三道宏偉的正門記述着耶穌誕生、受難和重生的情景，每道正門上方有四座尖尖的高塔，象徵耶穌的十二門徒。這將是世界最高、最華麗、規模最大，也是外形最奇特、最受爭議的一座教堂。

聖家堂的設計方案一出

現，就引來惡評，有人說它像一座

白蟻窩，有人說像一座恐怖的森林，在建

造過程中還是受到不少抨擊。有人建議高第把已

建成部分開放給人參觀，高第認為是個好主意。

　　人們從各地來到聖殿，他們見到雙曲拋物線的拱

門、扭轉的分叉柱子、透過彩繪玻璃的五色光線、動

植物形象的漂亮裝飾都驚呆了。高第親自導遊和講解，

他的智慧和才能讓人們信服了。

高第的晚年全副身心投入聖家堂工作，甚至住進教堂地下室方便做設計和監工。他生活簡樸，飲食隨便，衣着破舊，走在路上人們還以為他是個行乞老人，有一次一個孩子還施捨給他一分錢。六月的一天，他結束了工作想去做禮拜，邊走邊思考設計方案時，一輛有軌電車把他撞倒了……

高第為聖家堂勤奮工作了四十三年，只完成了兩成工程。聖家堂的建造還在繼續，人們期待在2026年完工，以紀念這位建築天才的逝世一百周年。

高第金句

◆ 大自然一直是我的老師，一位建築師應該去尋
  找大自然的規律並跟它們取得和諧。

◆ 直線屬於人類，曲線屬於上帝。

思考園地

1. 為什麼這位建築大師的作品如此與眾不同，他的靈
   感來自哪裏呢？

2. 高第的創新意念超出當時的人的想像之外，所以在
   建築物完成前惹來了不少謠言。
   你覺得高第當時的心裏有何感
   受？他怎樣面對這些謠言呢？

貝多芬

失去聽覺，依然堅持創作樂曲

路德維希·范·貝多芬（Ludwig van Beethoven，1770 年－1827 年），偉大的德國音樂家、作曲家、演奏家。八歲時已舉行個人演奏會。十七歲時隻身去音樂之都維也納，向莫札特、海頓等音樂大師學習。

貝多芬一生坎坷：幼年被迫接受地獄式訓練，失去童年歡樂；少年時就擔負起全家的生活重擔，不得不頻頻外出演奏賺錢；正值創作旺盛的壯年卻失去聽覺，給作曲造成莫大的困難……但倔強的他不向命運低頭，全情投入音樂創作，以超人的意志完成了膾炙人口的九部交響樂以及幾十首鋼琴奏鳴曲，被譽為「樂聖」。

貝多芬 身處時代的 世界大事		1793 年	1804 年	1805 年	1815 年	
	1770 年 貝多芬 出世	法王路易十六 被送上斷頭台	奧地利帝 國成立	維也納被 法國攻佔	拿破崙敗於 滑鐵盧之戰	**1827 年** 貝多芬 逝世

圖：郝敏棋

聽不見聲音的音樂大師
貝多芬

貝多芬的祖父是宮廷合唱團的樂長、男高音歌唱家，他十分寵愛小貝多芬，時時把他抱在膝頭唱歌給他聽，或是抱他坐在鋼琴前，給他彈奏一些活潑輕快的歌曲。小貝多芬總是聚精會神地傾聽着，還隨着音樂揮手打拍子。

　　有一次，祖父彈了幾句後，還不會說話的小貝多芬居然小聲地哼唱起來，音很準，節拍也對。祖父興奮地把他高高舉起，叫道：「音樂天才！我們後繼有人啦！」

　　父親想把貝多芬培養成莫札特第二，便強迫他學彈鋼琴。父親的蠻橫教學方式並沒有使貝多芬厭惡彈琴，相反，他在彈奏中獲得極大的快樂。他覺得自己是為音樂而生的。

　　貝多芬八歲時，父親為他舉行了一次演奏會，轟動了全城，人們都稱他是音樂神童，到處請他去演奏。

　　後來，父親請了名師指導貝多芬。貝多芬十歲成為宮廷樂師，十三歲已寫了三首奏鳴曲。

1787 年，貝多芬去維也納拜見偶像莫札特。

莫札特讓貝多芬隨便彈一曲，但貝多芬太緊張，彈得糟透了。貝多芬不甘放棄，靈機一動說：「請您給個主題，讓我即興演奏好嗎？」

莫札特想不到這少年這樣大膽，就給他彈了一段優美的旋律作為主題。這下激發了貝多芬的靈感，他稍加思索，便熱情奔放地彈了起來，旋律歡快明朗，巧妙地接承了原主題的精髓，又加以精彩的發揮……

莫札特大叫：記住這孩子，他一定會震撼全世界！

貝多芬在社會上漸漸有了名氣，經常在音樂會上演奏自己的新作品。他的演奏充滿活力，使聽眾聽得如癡如醉。

貝多芬腦中充滿創作激情，看到自然界的一事一物都會隨時產生作曲的衝動，醉心作曲到了忘我的地步。

　　有一次他去餐廳吃飯，還沒點菜，想到了幾個旋律，便在菜單後面寫了起來，時而敲打桌面，時而低頭沉思。過了一小時，他叫侍應結賬，侍應笑着說：「你還沒有吃呢！」

還有一次，貝多芬在河畔散步，一所茅屋裏傳出有人在彈奏他的一首樂曲，一個女聲說：「啊，這曲子很難彈，要是能聽到貝多芬彈就好了。」

有個男聲說：「妹妹，我們哪有錢去聽音樂會啊！」

貝多芬走進茅屋說：「讓我給你們彈吧。」他彈完了剛才那首曲子，又即興彈了起來。樂聲清澈幽雅，就像灑進屋的月光一般。兄妹倆聽得迷住了。貝多芬彈完後飛跑回家，立刻記下樂曲，就是那首動聽的《月光奏鳴曲》。

　　當貝多芬準備在音樂路上再創高峯時，不幸的事情發生了：他的慢性中耳炎已經發展到使他完全喪失了聽力。

　　這是多大的打擊啊！貝多芬痛不欲生，甚至寫下了遺書。但是，內心音樂的激情在呼喚他，他說：即使耳朵聽不見，我的內心也感受得到音樂。我要扼住命運的咽喉，它休想令我屈服！

貝多芬在耳聾的情況下連續寫下九部交響曲，頂峯之作是被譽為「不朽之作」的《第九交響曲》。

　　他對詩人席勒的《歡樂頌》愛不釋手，便把它譜成合唱曲放在第四樂章，用華麗的旋律歌頌光明，歌頌他一生嚮往的自由、平等、博愛。

　　作品上演那天他親自指揮，另一指揮在旁協助。這部輝煌的作品獲得全場聽眾驚天動地的歡呼聲和掌聲，貝多芬背向觀眾，毫不知情。一位女歌手把他轉過身來，見到這動人的狂熱場面，貝多芬幸福得哭了起來。

貝多芬晚年的境況很悽慘，被多種疾病纏身，整整四個月躺在病牀上起不了身，但仍然寫完了五首弦樂四重奏。

　　1827 年 3 月 26 日那天，本是個晴天，到了黃昏天色變得陰沉，忽然隨着一道閃電響起一聲巨雷，已經失去知覺的貝多芬居然睜開雙眼，舉起右拳伸向窗外，像是在向命運之神作最後的搏擊！

　　雖然他最終倒下了，他的音樂卻永遠撫慰着人們的心靈，給人們帶來歡樂和希望。

貝多芬金句

◆ 我的音樂，必須是能給人帶來幫助與啓發的音樂。

◆ 苦難是人生的老師。通過苦難，走向歡樂。

◆ 再怎麼惡劣的情況，也有可能出現轉機，轉往好的方向！

思考園地

1. 貝多芬一生多災多難，甚至喪失了音樂家最重要的聽覺，他怎麼能成為全世界所敬仰的「音樂巨人」的？

2. 雖然貝多芬的生活不如意，但始終堅持音樂要為人們帶來歡樂和希望，這種信念是怎樣來的？

安徒生

不理別人嘲諷，抓緊機會學習

漢斯·克里斯汀·安徒生（Hans Christian Andersen，1805 年－1875 年），丹麥童話作家、劇作家、詩人。他一生創作了一百六十八篇童話，被稱為「世界兒童文學的太陽」。

安徒生出身貧困家庭，父親是補鞋匠，母親是洗衣婦。他從小受父親的影響愛上了戲劇、文學和唱歌，十四歲時獨自去哥本哈根發展卻處處碰壁。他不屈不撓，終得貴人相助，十七歲才進學校學習。同時他寫詩寫劇本，漸露頭角。三十歲開始為兒童撰寫童話，《醜小鴨》、《國王的新衣》、《海的女兒》等在全世界家喻戶曉，是孩子們心目中的「童話大王」。

| 安徒生
身處時代的
世界大事 | 1805 年
安徒生
出世 | 1812 年
《格林童話》
出版 | 1863 年
哥本哈根引
進有軌電車 | 1864 年
丹麥戰敗
給德國 | 1865 年
《愛麗絲夢遊
仙境》出版 | 1875 年
安徒生
逝世 |

圖：Chiki Wong

童話大師
安徒生

　　嬰兒安徒生躺在牀上大哭大叫，手腳亂舞，母親怎麼哄他都沒用。

　　爸爸拿來一本書，對着他大聲朗讀。説也奇怪，嬰兒的哭聲漸漸減弱了，最終停了下來，好像在側耳傾聽。

　　爸爸大喜，叫道：「兒子喜歡聽詩呢，將來一定是個文學家！」

　　因為家窮，安徒生只能在慈善學校上了幾天學。爸爸在家教他認字，他學得很認真，因為他想多學些字，可以自己看書。

　　有一次，爸爸忍痛花了很多錢買了兩張票帶他去看戲。安徒生被華麗的舞台布景、演員生動的表演和鮮豔的服裝深深吸引住了，他愛上了戲劇。

　　爸爸用木塊和碎布給他做了幾個木偶，又教會了他剪紙。他就在後院用舊布、樹枝、木棍搭了一個簡陋的舞台，把木偶和剪紙動物扮演各個角色，自己編了故事和台詞「演出」。這是他最快樂的時光。

十一歲時，父親生病去世了。安徒生到工廠去做童工，幫補家用。

有一天，在工作的休息時間，安徒生不由自主地哼唱起來。他的歌聲清脆動聽，吸引了工人們來欣賞。

從此他萌生了要當歌唱家演歌劇的願望。父親曾說：「兒子，你將來想做什麼就去做，爸爸都支持你。」母親也常說：「你將來一定會有出息的！」

家人的愛和期望使安徒生對自己充滿信心。十四歲時，他懷揣積下的三十塊錢，前往首都哥本哈根去闖天下。

初到首都非常不順利，人們一見到這個衣着土氣、其貌不揚的少年就說：你沒學歷，外表也不適合當演員。

意大利歌唱家西博尼將擔任皇家音樂學院院長，安徒生找到他的家，並當眾表演了朗誦和獨唱，他的真誠和才華打動了大家的心。西博尼當場宣布收他為學生。可惜幾個月後，安徒生的嗓音突然變得嘶啞，再也不能唱歌了。

　　離開西博尼後的日子過得很艱苦，安徒生在劇院扮演一些小角色賺些生活費，主要精力則投入了文學上。

　　他在圖書館裏閱讀了大量經典文學作品。同時他也拿起筆來，勤奮地寫詩寫劇本。皇家劇院的一位經理看到他的作品中雖然有不少文法錯誤，但是內容清新活潑，很有才氣，是可造之才，便為他申請了教育公費。

　　十七歲的高齡生安徒生進了中學，惡補基本知識。他很努力學習，後又上了大學。

安徒生寫的一個劇本終於上演了！但一些文壇貴族藉他的出身抨擊他的作品，不接受他作品中的生活氣息和口語化，認為他的文字平庸低俗，不能算是作家。

心情鬱悶的安徒生出國去旅行，欣賞各國的美麗風光和歷史文化古蹟。他眼界大開，心情逐漸平復，創作靈感大發，一路上寫了不少詩歌和遊記。

　　安徒生漸漸出名了，他開始考慮自己的創作方向。

　　他想起童年時聽到不少美麗的故事對自己影響深遠，他覺得孩子需要故事，決定要為孩子寫作。

　　一天，一個六歲女孩伊達望着一束枯萎的花，愁眉苦臉地說：「昨晚我的小花還很漂亮，今天怎麼都變成這樣呢？」

　　「它們昨晚參加舞會，跳舞跳累了。」安徒生回答說。

　　「花兒不會跳舞的呀！」

　　安徒生就給她講自己即興編出來的故事：花兒和玩具半夜都會手拉手跳起舞來，直到天明。小伊達聽得入迷，不再悲傷了。這就是日後的童話故事《小伊達的花兒》。

　　安徒生的童話語言清新樸素，內容反映現實、生動有趣，想像奇妙、充滿智慧，如諷刺愛聽奉承話的愚蠢國王《國王的新衣》、美麗善良的《海的女兒》、全世界兒童都為她同聲一哭的《賣火柴的女孩》等。《醜小鴨》是他的自傳，這位青少年時一直被人看不起的醜小鴨，通過堅忍不拔的精神和努力，終於成了光燦奪目的天鵝，是今天家喻戶曉的童話巨匠。

安徒生金句

◆ 人生本來就有很多苦難，但是我決定不被打倒。

◆ 生活本身就是美麗的童話。

◆ 幸福不是藝術家的名聲、王冠的光輝，幸福存在於對清貧的滿足，對苦難的承受，在追求幸福的途中，才是最幸福的。

思考園地

1. 安徒生這隻「醜小鴨」是怎樣蛻變成天鵝的？說說你的感受。

2. 安徒生的童話為什麼這樣受人歡迎，它們有什麼特別的地方？

哥倫布

屢遭拒絕，依然堅守信念

克里斯多福·哥倫布（Christopher Columbus，1451 年 – 1506 年），意大利探險家、航海家。出生在意大利北部熱那亞港口城市，從小熱愛航海，曾當過水手和船長。

他多次向各國君主申請資助出航，但都遭到拒絕。直到他四十二歲那年，獲得西班牙國王提供經費，帶領一支船隊橫渡大西洋，發現了美洲大陸，但當時他以為是印度，因此把當地居民稱為印第安人。

他四次出航，建立了歐美大陸之間的新航線，開闢了歐洲各國向外擴張殖民的新時代。但美洲原居民受到殺戮、剝削和壓迫，成了建立新世界的犧牲品。

哥倫布 身處時代的 世界大事	1451 年 哥倫布 出世	1494 年 西班牙和葡萄牙簽訂 劃分海外領土條約	1498 年 葡萄牙人 發現印度	1500 年 葡萄牙人 發現巴西	1501 年 西班牙人 發現巴拿馬	1506 年 哥倫布 逝世

圖：李成宇

發現新大陸的先驅者
哥倫布

哥倫布小時常跟父親到海邊去看父親捕魚，他望着面前的大海問：「爸爸，大海有多大？它有邊際的嗎？」

「很大呢，你看，望不到邊際的。」

「那麼大海的那一邊是什麼地方呢？」

「不知道，誰也沒去過。」

「哼，我長大了就要去海的那一邊看看！」小哥倫布想道。

十四歲時，哥倫布當了一名水手，隨船出海，學到很多航海知識。

他讀了意大利航海家馬可孛羅寫的遊記，書中說到東方有個美麗富饒的中國，到處都是黃金和珍珠。哥倫布心動了，萌發了去尋寶的念頭。

他對伙伴們說：「我相信地球是圓的，我們只要一直向西航行，一定能到達東方。」

那時多數人還是認為地球是扁平的，聽了大吃一驚：「向西走？走到大海邊緣不就像瀑布一樣掉了下去？太危險了！」

人們都以為這是異想天開，但哥倫布認為總要有人去試試。

青年哥倫布着手作遠航的準備工作了。他計算了東行的路程距離、所需要的物資、人員數目等，萬事俱備，只欠東風——資金。

　　當時葡萄牙是世界上有名的航海國，他去拜見國王陳述自己的計劃。雖然國王很想開拓海上貿易新路線，但很多學者認為這是一次瘋狂的冒險，而且預算金額龐大，便拒絕了哥倫布。

　　哥倫布轉到西班牙去求助。

英明的伊莎貝拉女王接見了他，聽了他的計劃，敏銳地感覺到這是一次很有意義的壯舉，能給國家帶來巨大利益——擴大佔領地區，獲得無數財富。

　　女王與國王商量後，與哥倫布簽訂了協議書：同意出資組織船隊出航，哥倫布被封為海洋統帥，可就任新發現島嶼和陸地的總督，可分得國家從新大陸中獲利的十分之一作為報酬，這一切財產和職位都可由哥倫布的後代繼承。

　　哥倫布無比欣喜，多年來夢寐以求的理想終於要實現了！

1492 年 8 月，哥倫布帶領的船隊整裝出發了。

　　三條大船彩旗飄揚，船上裝備着石砲和步槍、盾和長矛等武器。哥倫布心中發誓：我一定要成功，一定能成功歸來！

　　「起錨！」三艘船滑進大海，哥倫布帶領八十七名海員開啟了橫渡大西洋這史無前例的驚險航程。

　　頭三天太平無事。後來卻陸續有事發生：有船漏水了，舵壞了……不得不修理整頓。

　　海上的生活艱苦又沉悶。船隻時時會遇到狂風暴雨，船員們往往和風暴搏鬥得精疲力竭，伙食單調乏味，飲水要節制；放眼望去，水連天、天連水，茫茫一片。船行一個多月還不見有陸地的蹤影，船員們叫嚷着：「回去吧，我們不想去送死了！」

　　哥倫布也心急如焚，但他鎮靜地勸慰船員，相信一定能找到陸地。

　　第七十一天，船隊終於抵達了一個小島，人人歡呼。

這是中美洲的一個島，樹木蔥鬱，物產豐富。哥倫布宣布佔領此島，命名為聖薩爾瓦多島，意思是「救世主」。

　　從樹林裏跑出來一羣土人圍看着他們，以為到了一批天外來客，對他們很友善，送上各種奇異的水果、鮮魚和黃金飾物，船員們也贈送了帶來的禮物。

　　哥倫布以為這裏是印度的一個島，所以稱他們為印第安人。

　　土人帶船隊又去了附近的幾個小島，收羅了一些黃金。

兩個多月後，哥倫布凱旋而歸，受到盛大歡迎。

一些貴族很嫉妒哥倫布，在一次宴會上有人公然輕蔑他說：「沒有你，西班牙也會有人做到的。」

哥倫布拿起一個熟雞蛋問誰能把它豎立在桌上，誰也沒辦法。只見他把雞蛋輕輕在桌上一按，碎了一頭的蛋穩穩豎起來了。

「你不敢，但是我敢這樣做。第一個做成事的人是不容易的。」

哥倫布就是憑著堅定的信念和無限的勇氣，第一個發現了美洲新大陸。

哥倫布金句

◆ 世界是屬於勇者的。

◆ 活着的人，就是不斷挑戰的人，不斷攀登命運險峯的人。

◆ 天才，就是別人認為毫無價值的不毛之地，你卻能挖掘出黃金和甘泉來！

思考園地

1. 為什麼說哥倫布是一位偉大的航海家？

2. 哥倫布當眾豎立熟雞蛋的事說明了什麼？

霍金

反抗命運，用意志戰勝身體缺憾

史蒂芬·威廉·霍金（Stephen William Hawking，1942 年 – 2018 年），英國理論物理學家、宇宙學家、作家。

他是一位傳奇人物：從小立志要解開宇宙之謎，但卻不幸地在二十一歲時患上絕症，肌肉萎縮，全身癱瘓，喪失語言能力，被斷定只能再活兩年。他不顧肉體的痛苦，全心投入研究宇宙學，攀上了一座座科學高峯。

他創造出黑洞輻射的學說，提出宇宙大爆炸的奇點定理，被譽為愛因斯坦之後最偉大的物理學家。他寫的《時間簡史》深入淺出講解了宇宙學，被譯成四十多種文字。

他的命運是灰色的，但卻活出了絢麗多彩的人生。

| 霍金
身處時代的
世界大事 | 1942 年
霍金出世 | 1957 年
發射第一顆
人造衛星 | 1961 年
首次載人
宇宙飛行 | 2003 年
爆發非典型肺
炎（SARS） | 2011 年
日本福島核
電廠危機 | 2018 年
霍金逝世 |

圖：李亞娜

輪椅上的科學巨人
霍金

霍金的父母都是牛津大學畢業生，父親從事熱帶病研究，常常帶霍金到實驗室觀看如何使用顯微鏡，引發了他對科學的興趣。

小霍金愛觀察愛思考，心靈手巧，常常把到手的新玩具拆開，研究內部結構，再試着裝好。十幾歲時，霍金開始動手製作飛機模型和輪船模型，甚至和幾個同學一起組裝了一部簡陋的電腦。他說：我想了解機件如何運行，如何控制它們。

　　每逢暑假，霍金全家都會去海濱度假。父親會帶上一架高級的望遠鏡，教霍金辨認星座。霍金被燦爛的星空迷住了，不斷向父親發問：

　　「天上一共有多少星星？怎麼有些閃光，有些不閃？」

　　「宇宙有多大？有沒有邊際？宇宙的外面是什麼？」

　　父親的回答不能滿足他的好奇心。他時常獨自在思考：宇宙究竟是怎麼一回事？怎麼開始的，會不會結束？

　　少年霍金就此愛上了天文學，並立志要探索宇宙的秘密，徹底了解宇宙。

霍金在牛津大學攻讀自然科學和物理三年，轉入劍橋大學成為研究宇宙學的博士生。當時科學界對愛因斯坦的廣義相對論展開了研究，這是宇宙學的理論基礎，霍金便認真學習。

　　但是霉運降臨：霍金自小就有動作笨拙的問題，時時會絆倒跌交，情況越來越嚴重，有一次更是摔倒後爬不起來了。經過檢查，原來他患了一種十分罕見的運動神經細胞萎縮症，肌肉會不斷萎縮直到全身癱瘓，喪失說話能力，引發肺炎窒息而死。醫生估計他只有兩年的壽命了。

受到這樣沉重的打擊，霍金一度情緒低落。這時，有一個叫珍的少女進入他的生活，挽救了他。珍主動向霍金表示了自己的愛意，願意與他共同生活，用柔弱的肩膀挑起照顧他的重擔。

　　有了純真愛情的滋潤，霍金從絕望的深淵中掙脫出來，他們結婚了，後來有了三個孩子。為了家庭，為了自己的理想，霍金勇敢地振作起來，繼續研究工作。幸好他的頭腦思維能力不受患病影響。

　　霍金整合了二十世紀物理學兩大基礎理論——廣義相對論和量子力學，用以研究引力和黑洞，證明了大爆炸奇點的存在並解釋了黑洞的特性。他被稱為「坐在輪椅上的科學巨人」，得獎無數。

　　1975 年，教宗授予霍金「庇護十一世獎章」時出現了動人的一幕：

　　當人們打算把輪椅上的霍金抬上台去領獎時，教宗説：「等等，應該是我下去。」他走下台，把獎章掛在霍金頸上。

　　霍金一直想寫一本有關宇宙的通俗讀物。

　　他寫了初稿，出版社認為太深奧太專業化，要他一再修改，刪去了讀者不會感興趣的很多方程式。1988 年，《時間簡史》相繼在美國、英國出版發行，大受歡迎。霍金認為這說明人們對重大問題具有廣泛的興趣，那就是：我們從何處來？宇宙為什麼是這樣的？

霍金很關心兒童的科學教育問題，和女兒合作寫了一套有趣的科普圖書《喬治的宇宙》，作為送給孫兒輩的禮物，也是他獻給全世界兒童的一份大禮。

　　這套叢書共有三本：《秘密鑰匙》、《尋寶記》和《大爆炸》，每本有十七萬字，故事中涉及宇宙大爆炸、黑洞、外星人、太空旅行、探測火星等，突顯了他純真的童心和對兒童濃濃的愛，並希望吸引兒童快快投入科研大軍，探討有趣的宇宙之謎。

霍金熱愛生活，開朗幽默，追求多姿多彩的豐盛人生。他訪問過很多國家，與科學家們交流；曾三次去中國，甚至被人抬上萬里長城觀景。他還曾乘潛水艇遨游深海，坐熱氣球和零重力飛行器上天，體驗無重狀態。

　　他對人類的未來曾作出一些預言：地球在二百年內會毀滅，人類只能移民外星；人工智能將不受人類控制，是導致人類終結的兇手；外星人要與地球人爭奪宇宙資源，所以要儘快找到他們；達到光速的時光旅行是可行的……這些預言會否成真，就讓我們拭目以待吧！

◆ 一個人身體殘疾了，絕不能讓精神也殘疾。

◆ 無論人生看來如何困難，你永遠有些事可以做和取得成功，這只關乎你不放棄。

◆ 願望就是夢想，是生活的目標和動力。一個人若是沒有夢想，那就好像精神已經死去，只是肉體活着。

思考園地

1. 霍金憑藉了什麼因素才能癱坐在輪椅上四十多年，但還一直孜孜不倦地探索宇宙？

2. 你對霍金的預言有什麼看法？這些預言會成真嗎？

海倫·凱勒

衝破盲聾的學習障礙，成為知名作家

　　海倫·亞當斯·凱勒（Helen Adams Keller，1880 年 – 1968 年），世界著名的美國盲聾學者、作家、教育家。一歲時得了急性腦充血，喪失了視力和聽力。

　　生活在黑暗中的她有幸得到優秀老師的教導，從學會識字來認識世界，日後還學會了寫字和説話，於哈佛大學畢業。

　　之後她致力爭取改善盲人生活條件，成立了「美國盲人基金會」，統一了閱讀用的盲文點字法，建立了盲人圖書館。她的努力擴展到歐亞各地，呼籲人們重視對盲聾兒童的教育工作。1964 年榮獲美國總統自由獎章。她創造的生命奇跡感動了全世界。

| 海倫·凱勒
身處時代的
世界大事 | 1880 年
海倫·凱勒
出世 | 1909 年
人類史上首次
慶祝婦女節 | 1920 年
美國婦女獲
得投票權 | 1941 年
日本偷襲美
國珍珠港 | 1952 年
《老人與海》
出版 | 1968 年
海倫·凱勒
逝世 |

圖：郝敏棋

創造奇跡的盲聾作家
海倫・凱勒

　　小海倫原本是個健康活潑的孩子，但一場大病令她喪失了視力和聽力。海倫看不見聽不到，也就不會說話。生活在黑暗寂寞的世界裏，她苦惱又無奈，只好亂發脾氣來發洩自己的痛苦。

　　安妮是海倫父母聘請回來的家庭教師。在安妮來到海倫家的第一天早上，海倫和平時一樣不肯坐定吃早餐，而是跑到爸爸媽媽身邊，任意抓起食物往自己嘴裏塞。當她走到安妮身旁，正想依樣葫蘆伸手……

安妮緊緊抓住她的手，不讓她抓食物。海倫一驚，隨即大哭大叫，滾在地上雙腳亂踢。

　　安妮把海倫抱了起來，放在她的座位上，給她圍上餐巾，擺上刀叉。海倫推開刀叉，哭着倒在地上。

　　海倫的父親説：「她每天都是這樣的，隨她去吧！」

　　安妮嚴肅地説：「她雖然看不見聽不到，但頭腦是正常的，不能讓她這麼無禮。」

　　師生繼續這樣糾纏，反覆了二十多次後，海倫終於用刀叉吃煎蛋了。

water

　　在安妮老師的嚴格教導下，漸漸地海倫
不再亂發脾氣，變得溫和有禮了。

　　海倫是個聰慧的孩子，觸覺非常靈敏，安妮就用手
指教海倫觸摸各種事物，並在海倫手心寫上事物的名稱，
但是海倫不太理解兩者的關連。

　　有一天，兩人走到一口水井旁。安妮把海倫的手放
在出水口，讓冰涼的井水流過她的手心，然後在她另一
手的手心寫了 water（水）。反覆幾次後，海倫恍然大悟，
意識到老師寫的這個字就是那流動着的冰涼的東西。

海倫的心靈突然受到啟發，認識到每樣東西都有它的名字。她興奮地拉着安妮走到花園裏，觸摸着地上的草、開放着的花朵，要安妮在她手心寫這些字，她自己也在手心默寫一遍，並且很快就記住了。

　　回家後，她走到母親跟前，安妮在她手心寫了mother（母親）一字，她立即在自己手上寫了出來。凱勒夫人見她已經能夠知道事物的名稱，還能用手指寫出來，高興得流出了眼淚，抱住她不斷親吻。

　　這天，海倫一共學會了寫三十個字。

　　海倫聰明好學，特別有語言才能。安妮老師自製了有凸點的卡片幫她學習，九歲時她用三個月時間學會了法文，還學拉丁文和德文。

　　可是，海倫總覺得自己與人溝通的方式和別人不同。其實她的發聲器官並沒有損壞，她迫切希望能和別人一樣說話。

　　十歲那年，好消息來了！聽說挪威有個聾啞女孩學會了說話。安妮打聽到有一位叫莎拉的女士正在研究這種教學法，便帶上海倫坐火車到波士頓去求她幫助。

　　莎拉給海倫上了十一堂課。她把海倫的手放在自己的臉上，觸摸嘴唇、喉頭部位，讓海倫感覺到說話時舌頭和嘴唇是怎樣活動的。

　　海倫用心地觸摸體會，然後自己模仿着發音，不到一個小時，她就學會了發出 M、P、A、S、T、I 六個字母的聲音。她學會的第一句話是 It is warm（天氣很溫暖）。

　　海倫刻苦練習，安妮耐心幫她糾正發音。當海倫說出「我現在不是啞巴了！」時，師生倆都激動得哭了。

　　回家時，海倫在車站上大聲叫出：「媽媽！」她走出了寂靜的世界！

　　後來海倫以優異成績考入了哈佛大學。她的學習異常艱苦：教材都要事先翻譯製作成凸點文字，上課時安妮時刻在旁陪伴，把老師的講解迅速寫在海倫手心上。課後海倫自己整理筆記，憑記憶用特別的打字機把老師的講課重點記下來複習。她勤奮好學，除了學習多國語言之外，還閱讀了大量經典文學名著和歷史著作。

　　大學畢業典禮上，成績優秀的海倫獲得了雷鳴般的掌聲。她超人的毅力、頑強的奮鬥精神成為年青人的學習榜樣。

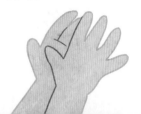

海倫決心要做一些對人類有意義的事，要幫助傷殘人士能像正常人那樣生活。

她寫書宣傳，出席各種集會，到處演講，徵募捐款，呼籲社會重視盲聾人士，培訓他們學會生活技能，安排就業機會，開辦學校……

她的努力受到人們的熱情支持。一個貧窮女工寄來一美元支票；孩子們帶來儲錢罐，捐出他們的所有積蓄；有個青年拄着拐杖親自送來鮮花和五百元捐款……

海倫在安妮老師的愛心帶領下進入光明世界，而她自己也不向命運屈服，堅持不懈地學習。海倫的事跡震撼了世界，照亮了無數傷殘人士的心靈。

◆ 當一扇幸福的門關起的時候，另一扇幸福的門會因此開啓。

◆ 世界上最好和最美的東西是看不到也摸不到的……它們只能被心靈感受到。

◆ 只要朝着陽光，便不會看見陰影。

思考園地

1. 一個又盲又聾的女孩，居然能學會認字、寫字、說話，不僅自己大學畢業，還投身盲人福利事業，寫書和演講，鼓勵更多殘障人士開始新生活。是什麼力量使海倫做到這些的？

2. 假如你是海倫，只有三天能看見光明，你會做些什麼呢？

影響世界的下一位巨人會是誰呢？

射鵰英雄傳

二集

避孕問答

（一）為什麼要避孕？

答：為要平衡收入與支出，避免負債，避免兒女失學，避免妻子過度操勞，避免一家八口一張床，則非避孕不可。

（二）為什麼上一代不避孕？

答：上一代生活較易，嬰兒死亡率又高，生七八個兒女，生存者只得一二名者比比皆是，故不體會孕。但今醫學昌明，生一個，養一個，如何得了！

（三）避孕之最大目的是什麼？

不節育女作馬牛是最大的目的。兒女不太多的話，夫妻倆遊樂的機會多了許多。生活方面當然較為美滿和諧，減少了丈夫見異思遷的心理。

（四）月入三百元應養多少孩子？

最好不應超過二名。理是由，孩子入學後，單是學費，每位已去了三十大元，另加伙食及衣服費用，三百元豈能有多大的把戲也。

（五）何為理想避孕辦？

有多種方法及藥物，但是應該以不碍快感為最要緊。同時要方便易用，不致令人討厭。另加百份之百實效。

（六）那一種是符合所述？

據筆者研究，觀察及綜合多方面之實地臨床經驗報告，雄生B-6片是具有上述優點。五百一十二名用者用了一年時間，全都沒有受孕象徵，又無不良反應。包裝又能防潮防菌，絕對理想。

（七）其他的避孕藥物？

有些古靈精怪，複雜難用，有些簡直不理天胎，以膠袋裝之，來歷不明，無國牆產地，且其內容成份可靠與否，包裝巳是不安善（包裝不安善），用得沒有一半便失了效力），累人不淺。

（八）有其他方法？

當然有，但是缺點太多，用者一定沒恆心繼續用下去（這便是一般人說避孕是不可能的理由），不如者掉水不。

（九）用避孕片會生畸形兒女嗎？

據驗答示用雄生B-6片，則當然不會受孕。更無生畸形兒女可能。但根據英國醫學會報告，用避孕片（當然是英國的）而有孕的。從未有不正常的胎兒。

（十）避孕片會影響健康嗎？

凡是口服的，都不會影響健康，口服的則能令女性體內賀爾蒙分泌失常，可能影響生理心理健康，因為口服藥物，是令女性排卵期間暫時中止或反常胡。而任何藥物，能具有左右人體之腺分泌者，皆應從端小心應用，以防意外。

「射鵰英雄傳」二集 全片拍竣即日上映

愛看峨嵋武俠片的豈容錯過

如果誰對武俠文藝片上了「癮」，那麼，他的「癮」必然是開始於因爲看了峨嵋影片公司所出品的武俠文藝電影。

所謂「癮」，正確的解釋應該是興趣或嗜好。這即是說，當親愛觀衆看了「峨嵋」的第一部出品便大大的感興趣了，甚至是着迷了然後對於「峨嵋」以後所上映的出品非看不可了。

要說親愛的觀衆對「峨嵋」的出品上了「癮」自然不能沒有根據，而其根據，便在於放映「峨嵋」出品的太平，環球，北河，域多利，油蔴地，龍城，金星七大戲院的票房紀錄。

已公映的「峨嵋」武俠文藝片，如所週知，有胡鵬導演的一射鵰英雄傳」一集，李晨風導演的「碧血劍」上集，林炎導演的「白髮魔女傳」二集，這四部具有最豐富的娛樂性的粤片，上映

之日，不但出現了搶票熱潮，而且讚譽之聲閭里可聞。而在今天「峨嵋」第五部出品，胡鵬導演的「射鵰英雄傳」二集又和廣大的觀衆相見了，對于有「癮」的朋友，對于愛看武俠文藝電影的觀衆，確是一個大大的喜訊。

看過「峨嵋」影片的朋友大概都有這樣的感想，認爲：「峨嵋」的出品確是一部更刺激，更妙，更激盪人心，更盪氣廻腸。「射鵰英雄傳」二集也不例外，無論從任何角度去看，都更令人滿意。因爲，「射鵰英雄傳」中的主要人物，都在二集中悉數登塲。而這些人物，都是英雄，好漢，奇俠，異士，都是我們「心儀其人」的頂呱呱角色。

當然，要在這裡把「射」片二集的故事向觀衆，讀者描述是多餘的，一描述，觀衆的興趣必將因之大減，所以，祇要親愛的觀衆明白「射鵰」二集是由曹達華，容小意，陳錦棠，林蛟，石堅，何山，何少雄，檸檬，麥先聲，黎坤蓮，並聯合著名紅星，武師三十餘人演出，那麼，相信上了「癮」的，都不會在「射」二集公映之日稍存觀望的了。

射鵰英雄傳

第二集的郭靖黃蓉

演出有如生龍活虎

「射鵰英雄傳」裡的郭靖和黃蓉，是活在千萬讀者和觀衆心裡的典型的行俠仗義，豪氣縱橫的英雄偶像，因此，當「射鵰」被搬上銀幕，讀者和觀衆對於飾演郭靖和黃蓉的聲敬，足和對那兩位英雄美人有同樣的心情的。所以，當「射鵰」二集何時公映哪等等，親愛的觀衆們儘直把他們視作英雄異士，恍如敬崇郭靖、黃蓉一樣。

「峨嵋」出品，胡鵬導演的「射鵰英雄傳」一集上映後，演郭靖的曹達華和演黃蓉的容小意，幾個月來，他倆每天差不多都收到三十封以上觀衆們情詞懇切的來信，提意見哪，給他們讚美哪，詢問「射鵰」二集之排在今天公映，完全是爲了感謝關懷之情和滿足觀衆的。而「射鵰」二集何時公映哪等等，給他們讚美哪，大大的感奮。而「射鵰」二集之排在今天公映，完全是爲了感謝關懷之情和滿足觀衆的。對於觀衆的關切，曹達華和容小意都衷心表

示感激，尤其義嵋影片公司的主持人，就更渴望之情的。

而在「射鵰英雄傳」二集中，不但曹達華演的郭靖和容小意演的黃蓉比在一集中表現得更美，刻劃得更生龍活虎，即是其他英雄、奇俠、異士，也比一集表現得更有氣概，他們便是陳錦棠飾的陸乘風、林蛟飾的楊康、石堅飾的何少雄飾的裘千仞、檸檬飾的洪七公、何山飾的完顏烈、黎坤蓮飾的穆念慈、袁小田飾的梁子翁、麥先聲飾的陸冠英、陳立品飾的梅超風。

這眞是一個最堅挺的陣容。

射鵰英雄予人快感

「射鵰英雄傳」二集將是一切夏季娛樂節目中的最佳對象當無疑義，因爲一切的影片都雖于給人以七情六慾的舒快的感受。

「射鵰英雄傳」中，靈活美麗形象和聲面，豐富的娛樂成份，澎湃的刺激，曲折的情節，英雄的氣慨，奇人異士各懷絕技的表現，撼人心魄

英雄氣慨畫意詩情

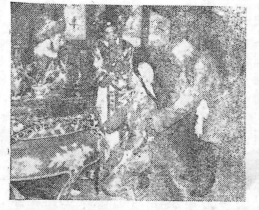

射鵰英雄瘋魔觀眾
寫情說理甜甜蜜蜜

金庸兄寫「射鵰英雄傳」受讀者瘋狂的喜愛，應是「前無古人」的現象，而「峨嵋」一連串

的比武場合，湖上賦詩的可情畫意，這一切，你說，是不是其他影片中難于享受到的。

並且，因為「射鵰英雄傳」中的奇人異士，各懷曠世奇才，各抱無雙絕技，而主角郭靖（曹達華）與黃蓉（容小意），又接授了一切奇俠異士的本領，所以曹達華和容小意在參加「射鵰英雄傳」二集演出前，不能不痛下苦功，天天練武。因為演得不真，便缺乏美，如果不真不美，則在形象上也難于使觀萬好感了。而現在，致保證，「射鵰」二集是必能令人滿意的。

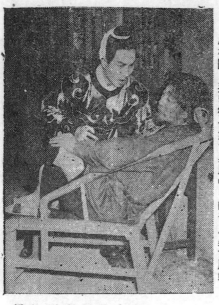

的武俠文藝電影之作風亦非一時，也是自有武俠電影以來，賣座之盛簡直無與倫比。小說與電影之受大大歡迎與喝彩，我們說這是「雙絕」，為甚麼「射鵰英雄傳」受如此的熱愛？我說，主因是它非彎打彎殺，在一切打鬥比武中，都是那麼有根據，有條理，有豐度，有情緻，有豐富的感情。而在曲折的情節發展中，都是一脈相連，息息相關，連繫得一如「射鵰」中的奇人異士底劍

法拳術高度武功一樣：「綿綿密密。」

嘗如說：郭靖（曹達華）和黃蓉（容小意）這一對江湖俠侶，無論在書中的那一章那一回那一段，都是無處不在，和一切的奇人異士江湖好漢的出來有「連扣」似的相連，一個人物出現了，立刻這個人物便與郭靖和黃蓉有了不可離的關係，就因為如此，所以他們能成英雄的偶像呢。

射鵰英雄傳二集
奇俠異士盡登場

我們有理由相信，峨嵋影片公司的出品，在觀眾的印象中，已然成為一種不可缺少的精神糧食，一種最難令人忘却的娛樂對象。「裝幗」出品曾經上映的包括「射鵰英雄傳」一集，「裝幗」出品之所以令人難忘，「裝幗」出品之所以令人難忘，不但有最佳的賣座紀錄，而且造成一種武俠電影的製作新風氣，「裝幗」出品之所以令人難忘，這成是主要因素。

如今，「裝幗」的第五部出品又在觀眾面前

— 4 —

出現了，那是改編自金庸名著的「射鵰英雄傳」一集。當然，關於「射鵰英雄傳」的故事內容，相信讀者，觀眾都比較清楚，但是顯現在銀幕，却另有一番新景象新面目，何況「射」片的導演正是著名的武俠電影導演胡鵬。胡鵬正如一切出現在「岩嶺」出品的畫面上的英雄一樣，他的一戰績」，曾使人難於遺忘。我說所說的英雄，在

「射鵰英雄傳」二集中，他（她）們的名字是：曹達華的郭靖，容小意的黃蓉，陳錦棠的陸庄主，林蛟的楊康，石堅的黃藥師，何山的完顏烈何少雄的裘千仞，檸檬的洪七公，黎坤蓮，麥先聲及華南著名武俠演員所飾演的角色等，都是觀眾心目中有奇能異技的江湖豪俠異士。

「射鵰英雄傳」二集六月上旬開始便在太環綫七院公映了，如果說「看過一集不能不看二集」，未看一集亦應一看二集」，則對于「射」片而言，是最貼的了。

精彩曲詞

△容小意唱▽

放船千里凌波去，略爲吳山留顧，雲屯水府濤隨神女九江東注，北客翩然，壯心偏覺，年華將暮，念伊高舊隱巢由故友，南柯夢，遽如許。

△陳錦棠唱▽

囘首妖氛未掃，問人間英雄何處，奇謀報國可憐無用，塵昏白扇，鐵鎖橫江錦帆，衝浪，孫郎良苦，但愁敲桂櫂，悲吟槳父淚流如雨。

射鵰英雄傳二集

·電影故事·

楊鐵心包惜弱生離十八載，夫妻重逢，完顏康被迫認父之後，鐵心于是攜同兒子楊康，愛妻惜弱，義女穆念慈，義姪郭靖，俠女黃蓉，一行六人逃出王府，奔到郊外，郭靖要踐約會見師父江南六怪，遂與楊鐵心分手，約期在嘉興醉仙樓相會，逐偕黃蓉，洒淚而別。

楊鐵心父母子女忽忽就道，正行之間，忽聽得後頭喊聲大起，金國六王子完顏烈率領黃河四鬼歐陽公子等風馳而至，楊鐵心知不能倖免挺身與鬥，念慈亦攙臂相助，結果念慈被擊墮崖，鐵心死于完顏烈手下，惜弱自刎殉夫，楊康不顧節義竟捨親生父母之遺屍，隨僞父完顏烈去，穆念慈躍登崖上，正擬鼓勇囘擊，則已空山寂寂，但見義父母陳屍荒野，撫屍痛惜已極，臨風洒淚，誓殺完顏烈，以報父母仇。

郭靖黃蓉，這雙青年愛侶，遊玩于青山翠谷之間，至溪邊飲水，郭靖飢腹雷鳴，黃蓉動用內功，在水上取出兩尾大魚，忽有聲曰：「妙則妙矣，惜有魚無肉」！二人愕然囘顧，則見一丐者鶉衣百結，手持竹竿，自林中大笑而出曰：「願爲君等取肉」。二人未及答，丐已持竿揚手，向空一擲，竿去如矢，一巨鳥哇然墮地，郭黃相顧駭然，知丐身懷絕技之人，肅然起爲禮，丐曰：「我家離此不遠，就廚中烹之，共謀一醉如何」！二人欣然相從。

至丐家，蓉持魚鳥進廚，燒水脫毛，丐取鳥以口吹之，鳥毛盡脫，少頃，蓉已將魚鳥調製成美妙菜式，丐大喜讚好，自言生平貪饞，嚐遍世

間珍饈百味，皆未及黃蓉之巧製，蓉探知丐爲東邪西毒南帝北丐中之北丐，叫洪七公，功夫了得，她一心想七公教郭靖那套「降龍十八掌」，計上心來，便說要走，洪七公貪口腹之慾，留她多住些時，黃蓉乘機要求七公教郭靖武藝，七公允之。

完顏康被完顏烈匿王府後，實他忘了十八年養育大恩，段天德卒詞相勸，康終于叩頭認錯，烈遂命康與段天德到杭州會宋朝奸宦，將功贖罪，康拜命而行。

郭靖在七公指導下，苦練「降龍十八掌」，這一天郭靖正在縣崖之上練習跳躍運氣之術，忽見山路上有一個女子迅疾而行，郭靖認得是穆念慈，急上前迎住，念慈見郭靖，不禁放聲大哭，訴說義父母被殺之事，郭爲之驚痛，扶之坐下，間及義弟楊康，慈云已隨完顏烈去了，正欲往尋之，因彼與康有一段比武招親之婚約，故必須從之。郭曰：「此等寡情薄倖之人，尋之何益！不如且隨我」，念慈誤會郭靖語意。哭曰：「義父雖有前言，囑我與靖哥結爲夫婦……」不料此言一出，背後一聲大喝，二人驚然回顧，黃蓉

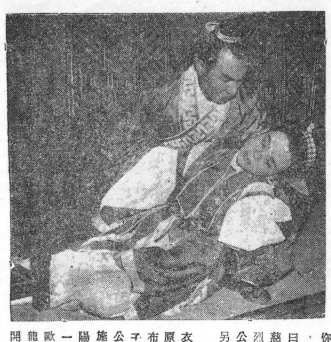

怒容喝道：「你想和我靖哥結為夫婦，哼！我跟你拼命」！不由分說，彼此拳來腳往，難解難分，忽然竹竿飛來，黃蓉忙縮手，七公哈哈大笑曰：「你呷錯醋了」！蓉方才如夢初覺，急向念慈謝過，慈云此去到王府找楊康，伺機刺殺完顏烈，靖蓉欲同行，慈婉辭而去，忽有一丐來找七公，七公着靖蓉尾隨念慈，伺機幫助，已則要到另一地方救人。

黃蓉與郭靖在京都要道接應念慈，忽見數白衣女郎扛一布袋在山路間迅疾而走，奇而偵之，原來係歐陽公子搶刼良家婦女，比追及，喝令將布袋放下，白衣女郎向二人圍攻，不敵，歐陽公子從林中奔出力戰二人，郭靖黃蓉不敵，被歐陽公子點中穴道，歐陽公子對黃蓉一見鍾情，正欲施非薄，布袋突然爆裂，洪七公從布袋跳出，歐陽公子一望，嚇得慌忙跪下叩頭，七公斥責歐陽一番，謂看在其叔西毒歐陽鋒份上，饒其一命，歐陽公子叩頭走了，七公對郭黃二人曰：我之降龍十八掌已傳給郭靖十五掌，足可旁身，我要去開乞丐大會，就此作別。

郭黃二人日行夜宿，不覺來至太湖堤畔，兩

人偓一扁舟，黃蓉引吭高歌，另有歌聲起於湖上，二人奇而回顧，衹見一隻小船從後面疾映而來，船中一老羽盤膝而坐，老翁笑曰：「聞弦歌而知雅意，請到敝莊，敬聆教益可乎」。郭黃以老翁和藹可親，拱手稱謝。

老翁跛足，由二僕相扶，引郭黃二人至莊外，翁自稱係太湖廢人，人稱之為陸莊主，有子冠英頗有武藝，郭黃被迎入內，僕扶翁坐于坑上，翁對琴棋詩畫及江湖豪俠之事，無所不知，郭黃對翁殊為敬佩。翁挽二人小住，欣賞太湖風景。

是夜郭黃二人正在室中，忽聽有號角聲，二人好奇，越窗飛躍而出，見陸冠英押段天德和完顏康至陸莊主前，莊主斥其「媚外自肥，認賊作父」命人囚之密室，是夜半，又見一黑影落于庭院，二人奇而跟踪，不料黑影竟是穆念慈，郭正欲呼喚，蓉急掩其口，輕聲告郭謂：慈一片痴心來尋完顏康，且看完顏康待她是否真情相愛，再作決定。念慈在院中團團亂轉，不得其門而入，

蓉告郭靖此太湖廢八卦伏羲六十四卦方位佈成疑陣，陷其中，必摸索至筋疲力竭後被擒，其父桃花島主曾告之，故識此陣，當下黃蓉暗中投石

給念慈引路，念慈不知石從何來，奇而隨石方向而進，果得晤完顏康，康正被互鍊鎖于石窟中，見慈來，請其相救，慈斥康，不顧父母之情，不顧國家之危，不踐婚姻之約，康假意認錯，並謂如肯相救，必當改過自新，請慈將衣携帶至某山洞白骨堆上，其師父梅超風必來相救，慈為愛情

所迷，竟允所請，郭欲加勸阻，蓉曰彼正欲一看銅屍梅超風與太湖廢人武藝之高下，可從中吸取經驗，吾等亦可乘機助太湖廢人以聲敗銅屍也。

翌日郭黃二人正在莊上與莊主閒談，忽有人呈上一盒子，莊主揭視，赫然一個骷髏骨頭，上有五孔，莊主知是梅超風下的戰書，郭靖曰，此人九陰白骨爪厲害非凡，莊主何不避之，莊主曰，我雙腿殘廢，正受此人之賜之算眼，今日送上門來，正中下懷，正言談間，陸冠英引一怪客，怪客頭頂大水缸，踏荷池而來，把頭一伸，將水缸拋離頭上，輕輕落地，莊主知此人乃江湖上有名的鐵掌水上飄裘千仞，請其相助，裘千仞慨然答應。莊主即設讌招待之，席間裘大演內功，人人驚佩。裘並言：大金國兵精糧足，不久必統治中原，勸陸莊主降大金國，可享無窮之富貴，莊主聞言大怒。郭靖更當斥其非，裘千仞欺郭年少，一掌打去，不料郭靖施展降龍十八掌，一掌將裘千仞打到穿牆入別室，嚇得裘叩頭求饒，莊主下逐客令，裘千仞抱頭鼠竄而去，原來裘之莊主，乃騙人之魔術耳，衆人不禁大笑，笑聲

未歇，聽得一聲長嘯，祇見梅超風雙目直視，迅步走進廳中，直奔陸莊主，莊主運氣于雙足，騰空躍起，飛撞超風，超風急避，莊主宛如跳蛙，兩招風撞擊，然終不敵超風之九陰白骨爪，陸冠英見父危，奮力接戰，亦被擊倒，郭靖以降龍十八掌進攻，一場猛烈的搏鬥，打得柱折樑崩，梅超風終被擊倒，郭靖正欲結果其性命，一神秘怪客的手掌風打倒郭靖，黃蓉大驚，急上前攔住怪客，驚注視有頃，蓉忽緊抱怪人，驚呼「爹爹」，衆人愕然，怪人撕去面幕，赫然是桃花島東邪黃藥師，褟風庄王慌忙跪下，原來二人均爲藥師徒弟，超風玄風夫婦盜了黃藥師的九陰經下山，黃藥師一怒之下將陸庄王及其他徒弟之腿個個打傷，逐之下山，黃藥師此次破例下山，是爲了找尋愛女，當下黃藥師見郭靖大怒喝曰：「殺死我徒弟陳玄風就是你」，拔劍欲刺之，黃蓉忙以身護，郭曰：「請老前輩准我臢約會師父江南六怪之後，三十日內親赴桃花島領死，決不失約」。藥帥不聽，蓉急曰：「爹如殺之，女兒將永不見你」。藥師仍要殺郭，蓉大慎奔去，藥師甚悔，囑超風到桃花島相聚，急出追蓉。

郭向庄主請求釋放完顏康，庄主遂命人帶完顏康及段天德出，郭靖乃向庄主告辭，攜康及天德出，至郊外，見黃蓉已候于路上，段天德別時對郭靖曰：如有事到京師，請到我處一叙，我段天德欲報救命之恩，郭聞言悲憤，斥天德于十八年前爲金人作鷹犬，殺死父親，迫走母親，罪惡滔天，遂將天德一脚踏翻在地拔出腰刀，仰天叫曰「爹爹，兒子今日爲你手刃仇人」！天德伏在地上求饒曰「此是大金國六王子完顏烈」！完顏康聽得大吃一驚，郭不由分說一刀刺殺天德，完顏康良心發現決心改邪歸正，正名爲楊康，黃蓉顏隨義兄郭靖爲父母報仇，郭靖許以自新之路，三人正擬尋之，忽聽得山谷中傳來心念穆念慈，三人急往相救，結果歐陽公子在四人夾攻之下，被喋墜崖的道上去。

中國聯合銀行儲蓄簡章

本行爲利便僑胞，增加聯繫起見，凡本行儲蓄存款者，均可領用本行特種支票，自行簽發，以便支付，領用支票一張，祇繳印花稅一角五分。港幣拾元即可開戶。

活期儲蓄……………………週息一厘半

定期六月儲蓄………………週息四厘

定期一年儲蓄………………週息五厘

零存整付儲蓄：

（一）每月存入拾四元五角，五年到期本利金額額壹仟元

（二）每月存入六元五角，十年到期本利金額壹仟元

利息計算：按照每月最低存款額計算，半年結息一次，期爲六月卅日，及十二月卅一日。未到期時，如有急需，可以提前領囘本金，幷照活期來往性存款利率計算。

一九五九年元月二十日修訂

香港德輔道中八號A　電話：二二九三二二

一　下期献映　一

華僑
電影
企業
公司
出品

根據
名著
童話
故事
改編

大冬
瓜作
妹

☆☆☆☆☆☆☆☆☆
十∶兄∶弟
☆☆☆☆☆☆☆☆☆

導演：吳回

主演						
張瑛	羅艷卿	司馬華龍	劉克宣	雷鳴	金雷	吳桐

葉萍

香港永興印務公司承印　電話：七○二二八